MW01705224

LE MATIN EST SERVI

L'auteur

Eric MALPASS est né à Derby (Grande-Bretagne). Il a commencé à écrire après la guerre. En 1954, il a remporté le prix de la nouvelle, fondé par l'*Observer*. Parmi ses romans, il faut citer *Ce bon gros Jones*, qui s'est vu attribuer la Palma d'Oro pour le meilleur roman d'humour de l'année en Italie.

Eric MALPASS

Le matin est servi

Traduit de l'anglais par
Anna-Marie Soulac

ROBERT LAFFONT

Titre original :
Morning's at Seven

Loi nº 49-956 du 16 juillet 1949 sur les publications destinées à la jeunesse : mai 1998.

ISBN 2-266-08997-8

CHAPITRE PREMIER

L'aube et un ciel de porridge froid. Les lambeaux de neige mouillée accrochés encore aux angles du toit.

Dans la grande maison pleine de coins et de recoins, toute la famille cherchait refuge contre le froid et le jour naissant, tapie dans l'hibernation du dimanche matin.

Mais Gaylord était insensible au froid. Le jeune Gaylord Pentecost était insensible à presque tout. À peine éveillé, debout, il piétina un moment son lit. Puis, lassé de l'exercice, il remonta son pyjama autour d'une taille imaginaire et prit le départ pour une croisade de la bonne volonté autour de la maison.

Il se rendit chez Grand-Papa. Il faisait sombre dans la chambre. Il ouvrit les rideaux.

Les rideaux étaient montés sur des anneaux de cuivre. Quand n'importe qui les tirait, ils faisaient un bruit de castagnettes. Quand c'était

Gaylord, on aurait dit une collision sur l'autoroute.

Grand-Papa n'ouvrit même pas les yeux et dit :

— Fiche-moi le camp !

Sous les couvertures, Grand-Papa était comme une petite montagne compacte, bien ronde. Gaylord prit son élan et atterrit au sommet de la montagne.

— Je suis un chevalier ! cria-t-il. Toi, tu es mon destrier.

— Je ne suis pas un destrier, dit Grand-Papa. Je ne suis qu'un vieil homme qui voudrait bien se reposer un peu, si Dieu le veut.

Gaylord posa un doigt inquisiteur sur une paupière vénérable. Il la releva légèrement pour examiner d'un regard pensif l'œil jaune, maléfique. Il laissa retomber la paupière.

— Veux-tu que je te fasse une tasse de thé ?

— Oui, à condition que ça te prenne un bout de temps, acquiesça Grand-Papa.

Gaylord mit pied à terre.

— Y en a pour un clin d'œil, dit-il, plein d'entrain.

— Surtout ne te presse pas, répondit Grand-Papa.

Gaylord se rendit chez Grand-Tante Marigold.

— Veux-tu une tasse de thé ? cria-t-il du seuil.

Mais Grand-Tante Marigold avait posé son appareil acoustique avec ses lunettes et ses dents sur la table de chevet, et elle fit la morte, tout heureuse pour une fois de transformer son infirmité en bénédiction et en havre de grâce.

Gaylord se rendit chez Tante Rose. Le long visage au teint brouillé n'était qu'une tache jaune sur le blanc de l'oreiller. Elle ne manifesta aucun signe de joie à la vue de son neveu.

— Qu'est-ce que tu lis ? demanda Gaylord.

— Un livre.

— Il s'appelle comment ?

— *Psychopathologie de la vie quotidienne*, dit Tante Rose. Te voilà bien avancé ! ajouta-t-elle d'un ton agressif.

Les syllabes basculèrent dans la cervelle de Gaylord comme du charbon le long d'un plan incliné. Elles s'entassèrent, au petit bonheur la chance, dans le fond. Il alla regarder par-dessus l'épaule de Tante Rose.

— Il y a des images ?

— Non, dit Tante Rose.

— De quoi ça parle ?

— De psychopathologie, dit Tante Rose... dans la vie quotidienne, fit-elle l'effort d'ajouter.

Gaylord se risqua à tirer sur les couvertures.

— Je peux venir avec toi ?

Tante Rose se transforma brusquement. Elle se recroquevilla comme un chat traqué. Ses lèvres serrées s'étirèrent sur ses dents. Elle agrippa son livre comme se cramponne à son guidon un cycliste dévalant, sans frein, une pente folle.

— Dire que c'est le seul moment de la journée où cette sale famille de cinglés me laisse un peu tranquille, et il faut que tu arrives ! Va-t'en, laisse-moi lire mon livre. Va voir Becky. Elle sera ravie d'avoir quelqu'un dans son lit, même toi.

Frémissante, elle regardait d'un œil fixe la page imprimée.

Gaylord l'observa avec intérêt. Ce n'était pas la première fois qu'on avait une conversation tout à fait normale avec Tante Rose et que, tout à coup, voilà qu'elle était prête à vous sauter dessus. Très intéressant. Bien entendu, il savait d'où cela venait. Il l'avait entendu dire par Grand-Papa. Il grimpa sur le pied du lit de cuivre. Ça n'avançait pas à grand-chose de rester.

— Tu veux une tasse de thé ? demanda-t-il.

Tante Rose ne répondit pas. Gaylord décida de passer à Tante Becky.

Tante Becky était toute rose et crème, mousseuse et vaporeuse. Gaylord adorait Tante Becky.

Il avait presque pris la décision de l'épouser quand il serait grand. Pour voir, il tira sur les couvertures.

— Vas-y, dit Tante Becky.

Il y alla d'un bond. Tante Becky était toute chaude et douce, et sentait bon. Gaylord n'était ni chaud ni doux. C'est comme si on avait une grosse grenouille dans son lit, pensa-t-elle.

— Où as-tu été te fourrer ?

— Chez Tante Rose.

— Qu'est-ce qu'elle faisait ?

— Elle lisait.

Tante Becky eut l'air de trouver ça drôle.

— Quoi ?

Gaylord examina rétrospectivement l'entassement des syllabes. *Psy*...

— Ça parlait de cyclisme, risqua-t-il.

— Grand Dieu !

— Et ensuite elle est devenue toute drôle.

— Drôle ?

— Dans tous ses états. Je ne crois pas qu'elle tenait beaucoup à ce que je reste.

— Pauvre Rose, dit Becky, avec une satisfaction langoureuse.

Gaylord pensa que c'était le moment de sortir le diagnostic de Grand-Papa.

— C'est ses sacrés nerfs, dit-il.

Tante Becky rejeta la tête en arrière pour rire à son aise. Entre les dents blanches, Gaylord vit la petite langue rose. Il avança le doigt et la toucha.

— Qu'est-ce que tu faisais ? demanda-t-il.

— Je rêvais.

— À quoi ?

— Aux hommes, dit Becky, s'étirant avec volupté.

Ça ne semblait pas très gai.

— Tu veux une tasse de thé ? proposa-t-il.

— Je ne demande pas mieux.

Gaylord descendit du lit, remonta son pantalon de pyjama et gagna la porte.

— En moins de deux, répondit-il…

Il se rendit chez Maman et Papa.

Il fut très intrigué de trouver Maman seule dans le lit.

— Maman, où est Papa ?

— Au grenier.

Gaylord se mit à tripoter les objets de la coiffeuse.

— Pourquoi est-ce que Papa est au grenier, Maman ?

— Parce que c'est un triste individu et que nous n'arrivons pas à voir les choses du même œil.

— Qu'est-ce que c'est que vous n'arrivez pas à voir du même œil ? s'enquit Gaylord.

— L'argent, dit Maman.

Gaylord poussa jusqu'au grenier. Papa était couché sur le lit de camp, entortillé dans un tas de couvertures de soldat, pareil à une momie égyptienne qui perd ses bandelettes. Il faisait désespérément semblant de dormir.

— Pourquoi tu dors au grenier, Papa ? demanda Gaylord.

— Je ne dors pas. C'est-à-dire que si, je dormais, quand on m'a réveillé grossièrement.

Les reproches subtils étaient une des choses auxquelles Gaylord restait insensible.

— J'aurais pensé qu'il faisait froid au grenier, dit-il.

— Froid ? Et comment ! Fichtrement, même !

— Maman avait l'air de se sentir drôlement bien, insista Gaylord. Tu veux une tasse de thé ?

— S'il te plaît, répondit Papa, et il se retourna vers le mur.

Gaylord se mit en route pour sa mission de charité. En bas, dans la cuisine, il ouvrit tout grand le robinet d'eau froide. Puis il mit le doigt sur le jet. L'eau arrosa délicieusement la cuisine et Gaylord. Il regarda son pyjama mouillé et, mentalement, raya Maman de sa liste : pas de thé pour elle. Sourdement, un sixième sens l'avertissait de plus en plus de ce qui risquait de déclencher

Maman. En réalité, il ne raffolait pas tellement de Maman. Trop souvent ils ne voyaient pas les choses du même œil.

Il découvrit un assortiment de tasses et de soucoupes, les plaça sur un plateau, les garnit à moitié d'une solution saturée de lait et de sucre. Puis il emplit la grande bouilloire de deux litres et la mit à chauffer sur le gaz. C'était long et assommant d'attendre. Maman lui avait raconté l'histoire du petit garçon qui, tenant un jour une cuillère sur le bec d'une bouilloire qui bouillait, avait inventé la locomotive. Quand l'eau se décida à bouillir, il essaya. Le couvercle sauta. Sans comprendre très bien le rapport que ça pouvait avoir avec les locomotives, Gaylord décréta qu'il inventerait aussi quelque chose un jour, sauf que, la locomotive ayant déjà été inventée, il se demandait ce qu'il pourrait inventer d'autre, ce qui compliquait la situation.

Il vida un quart de thé dans le pot. Prudent par nature, il éteignit le gaz et laissa la bouilloire refroidir un peu avant de verser. Finalement, tout fut prêt. Il emplit les tasses. Il y avait un tas de feuilles flottant à la surface, si bien que ça ressemblait davantage à de la sauce à la menthe grise qu'à du thé ; mais il estima que c'était sans importance. Il gravit tant bien que mal l'escalier avec le plateau.

Il porta une tasse à Grand-Papa. Grand-Papa jeta un coup d'œil sur le brouet de sorcière et frémit.

— J'attendrai que ça refroidisse, dit-il.

— Ça a déjà refroidi, repartit Gaylord.

Il alla regarder par la fenêtre. C'était un jour de novembre figé dans le gel. Comme un malade qui respire encore, mais ne peut plus voir, ni bouger, ni sentir, la journée maintiendrait un semblant de vie jusqu'à ce que le crépuscule d'hiver envahît doucement et charitablement la campagne. Alors elle mourrait : sans avoir été aimée, ni pleurée, ni presque remarquée.

— Papa n'a pas dormi avec Maman, dit Gaylord.

— Faut-il qu'il soit bête ! s'exclama Grand-Papa.

Gaylord alla porter la bonne nouvelle à Grand-Tante Marigold. Malgré sa surdité, Grand-Tante Marigold avait le chic pour attraper ce qui l'intéressait. Elle se leva sur son lit comme les morts dans leur linceul le jour du Jugement dernier.

— Que Dieu nous garde tous ! s'écria-t-elle. Mais pourquoi ?

— Ils ne voient pas les choses du même œil, dit Gaylord.

Il alla passer la tête dans l'entrebâillement de la porte de Tante Rose.

— Est-ce que tu as dit que tu voulais du thé ? s'enquit-t-il.

Tante Rose eut un soubresaut convulsif, garda le regard fixé sur son livre et ne répondit pas.

— Papa n'a pas dormi avec Maman, dit Gaylord.

L'effet produit sur Tante Rose fut remarquable. Elle tendit les bras.

— Oh ! mon pauvre agneau ! s'écria-t-elle.

Gaylord se demanda pourquoi il était brusquement devenu un pauvre agneau. Mais il se rappela qu'il avait un devoir à accomplir. Il porta une tasse à Tante Becky.

— En as-tu donné à Rose ? demanda-t-elle.

— Elle n'avait pas l'air d'en vouloir, dit Gaylord.

Tante Becky sourit. Gaylord porta une tasse à Papa. Papa y jeta un coup d'œil et de nouveau se tourna vers le mur.

— J'ai dit à Grand-Papa et à tout le monde que tu étais au grenier, dit Gaylord, tortillant d'un air pensif un œil du hibou empaillé.

— Cher enfant ! dit Papa.

— Est-ce que le thé est bien ?

— Délicieux. Tu es sûr de n'avoir pas mis de la ciguë par erreur ?

— Je ne crois pas, dit Gaylord, se demandant vaguement dans quelle boîte Maman mettait la ciguë. Maintenant je vais m'habiller.

— Bonne idée, dit chaleureusement Papa.

Tels des animaux hibernant qui entendent l'appel du printemps, la famille commençait à donner des signes de retour à la vie. En soupirant, Tante Rose glissa un signet de cuir entre les pages de sa *Psychopathologie*, enfila une robe de chambre sur sa confortable chemise de nuit, se regarda dans la glace, frissonna et vogua dans le couloir. Elle essaya la poignée d'une porte. Fermée. Impatiemment elle frappa.

— J'en ai pour une minute ! cria gaiement Gaylord de l'intérieur.

Tante Becky enfila un négligé vaporeux sur les ruchés de son pyjama, échangea un sourire satisfait avec le miroir, et vogua dans le couloir. Porte fermée. Elle joua du tambour sur la porte.

— J'en ai pour une minute ! cria gaiement Gaylord de l'intérieur.

Ensuite ce fut Maman :

— Gaylord, si tu dois rester là toute la matinée, à l'avenir tu te serviras des cabinets du jardin.

Gaylord soupira. Il n'aimait pas les cabinets du jardin. Le trou était affreusement grand et profond ; il savait qu'un jour il tomberait dedans et serait emporté jusqu'à la mer.

— J'en ai pour une minute ! cria-t-il.

Grand-Papa se gratta la poitrine, enfila son caleçon long, d'un blanc jaunissant, et bâilla. « Dimanche, pensa-t-il. Et toute la sacrée famille dans les jambes. » Rose et Becky prêtes à se sauter à la tête comme deux chattes. Cet imbécile de Jocelyn refusant de dormir avec une créature aussi sacrément belle que May. Et Gaylord ! Et le froid de novembre qui s'infiltrait dans la grande maison.

Grand-Papa était trapu, avec de larges et puissantes épaules, et avait assez l'aspect d'un chêne un peu rabougri. Il souriait rarement, ne riait jamais, bien qu'il donnât souvent l'impression d'être secoué par un rire intérieur qui ne montait jamais tout à fait jusqu'à la surface. Il avait conservé sa charge d'avoué jusqu'à l'âge de soixante ans. Puis il avait pris sa retraite et acheté la ferme dont il avait rêvé toute sa vie ; il essayait désormais de satisfaire les désirs d'une vie entière pendant les quelques années qui lui restaient. Il était hargneux, intolérant, bourré de préjugés et profondément sentimental. À présent, il se rasait, tout en jurant et récriminant tandis que le rasoir attaquait le chaume gris de son menton. Il fit un gros nœud à sa cravate, enfila sa veste et descendit pour le petit déjeuner.

Tout le monde l'attendait. En grommelant il déplia l'*Observer*, laissant tomber par terre, ostensiblement, la partie « Revue ». Il n'avait jamais pardonné au journal de se couper en deux, à la façon, disait-il, d'une sacrée amibe intellectuelle. Sans le souvenir de feu J. L. Garvin, qu'il honorait, il eût pris le *Telegraph*.

Il nota avec plaisir que Jocelyn avait l'air d'un chien battu. May était tendue et se surveillait. Becky, comme toujours, avait l'air d'un chat qui vient de manger de la crème. Rose... Rose était en harmonie avec ce jour de novembre froid, humide et morne.

Gaylord, se rappelant brusquement qu'il était un pauvre agneau, fondit en larmes.

— Que diable lui prend-il ? explosa Grand-Papa.

— Tu le demandes ! répondit Tante Rose mystérieusement.

— Sacredieu oui, justement, je le demande.

Tante Rose jeta un regard significatif en direction de Maman et de Papa.

— Je crois que ses parents pourraient nous le dire. (Papa prit deux comprimés d'aspirine dans son flacon, les avala, et n'eut pas l'air bien.) Même si vous n'avez aucune considération l'un pour l'autre, vous pourriez en avoir pour cet enfant, ajouta Rose.

— Mon œuf n'est pas bon, intervint Gaylord, qui en avait assez d'être un pauvre agneau, et détestait les œufs.

— Vous n'avez pas idée du mal qu'un choc comme celui de ce matin peut faire à un tendre esprit en formation, poursuivit Tante Rose.

— La seule chose qui puisse faire mal à ce tendre esprit en formation, c'est un tank Sherman, dit Grand-Papa. Et encore, je ne sais pas lequel des deux aurait le dessus.

— Mon œuf pue comme le diable, reprit Gaylord.

— Gaylord ! dit Maman d'un ton sec.

— Freud affirme clairement..., essaya de placer Tante Rose.

Grand-Papa donna un coup de poing sur la table.

— Ce sale bonhomme ! cria-t-il.

— Quel bonhomme ? demanda Tante Rose.

— Froud ! dit Grand-Papa.

— Il y a un poussin dans mon œuf, insista Gaylord.

Grand-Tante Marigold y alla de son grain de sel :

— Voyons, Rose, tu sais très bien que ton père interdit qu'on parle de Froud au petit déjeuner.

Rose martela la table de ses poings :

— Pour l'amour du Ciel, cessez de l'appeler Froud ! hurla-t-elle, au bord de la crise de nerfs.

— La voilà repartie ! grommela Grand-Papa.

Il se leva, jeta sa serviette par terre et quitta la pièce. Grand-Tante Marigold se précipita derrière lui en pleurant :

— Tu vois ce que tu as fait, Rose ! Maintenant, il va passer toute la journée à bouder derrière l'*Observer*.

Maman regarda Rose :

— Bon, dit-elle résolument, qu'est-ce qui te tracasse ?

Rose regarda Gaylord d'un air inquiet. Mais il était occupé à fermer un œil et à scruter de l'autre l'intérieur de son œuf.

— Je faisais allusion au fait que tu as forcé Jocelyn à coucher au grenier.

— Elle ne m'a pas forcé, corrigea Papa, j'en avais assez et je suis parti.

— Bêtises ! C'est moi qui t'ai jeté dehors, et ton harnachement de nuit avec !

Papa se leva.

— Si on ne peut même pas laisser mon harnachement de nuit tranquille...

Et il sortit en haussant les épaules.

— Je vois le bec ! s'écria Gaylord.

CHAPITRE II

Rose était une femme bien. Elle enseignait en ville à l'école primaire mixte de la rue de l'usine à gaz. Elle n'avait pas la vocation de l'enseignement. Elle aimait quelques enfants pris individuellement ; collectivement, elle les trouvait révoltants ; elle les trouvait d'une cruauté perverse, avec l'esprit mal tourné, et malhonnêtes. À trente ans, l'acidité d'un célibat confirmé commençait à se manifester. Or, ce jour-là, elle était plus à cran que jamais, parce qu'elle se savait près d'appuyer sur un bouton qui allumerait en plein sur elle le feu des projecteurs. Pendant tout le petit déjeuner, elle s'était armée de courage pour annoncer la nouvelle. Mais l'affaire Gaylord avait fait boule de neige, comme il arrivait à peu près toujours dans la famille. Il fallait donc que ce soit pour le déjeuner. Impossible de remettre à plus tard.

Elle avala sa salive, rougit et sauta le pas :

— Je vais…

— Silence, sacredieu ! dit hargneusement Grand-Papa, qui, étant parvenu à un point délicat dans le découpage de la viande, avait besoin de toute sa concentration.

Rose se tut. « Seigneur, cela en vaut-il la peine ? » pensa-t-elle.

Grand-Papa termina le carnage et la mutilation. Rose fit une nouvelle tentative :

— J'aurai quelqu'un à dîner ce soir, annonça-t-elle.

« Et voilà, ajouta-t-elle mentalement. C'est fait. Impossible de revenir en arrière. »

Mais à sa grande surprise il n'y eut aucune réaction. Becky dit avec indifférence :

— Qui est-ce ? Je la connais ?

Aux yeux de Becky, les amies de Rose étaient toutes identiques. Elles s'habillaient de tweed, avaient l'esprit critique ; elles étaient d'un sexe à peine, mais à peine discernable ; elles riaient beaucoup, mais sans humour véritable ; elles discutaient d'art et de littérature, avec sérieux, mais sans un pouce de sensibilité ni de compréhension. Non que Becky s'intéressât le moins du monde à l'art ou à la littérature. Simplement, elle reconnaissait les faux-semblants quand elle en voyait.

C'était la minute de vérité. Rose dit :

— C'est un homme, M. Roberts. Il est professeur au cours complémentaire.

— Rose ! (Les yeux de Becky pétillèrent d'amusement et d'intérêt.) Un homme !

L'appareil acoustique de Grand-Tante Marigold était excellent. Mais elle aimait toujours avoir la confirmation des nouvelles importantes.

— Qu'est-ce qu'elle dit, John ? demanda-t-elle.

— Elle dit qu'il y a un type qui vient dîner, un ami ! hurla Grand-Papa.

— Hé, hé ! (Tante Marigold eut un sourire épanoui et gloussa :) Rose, avec un petit ami, à son âge !

— Cela n'a rien à voir, protesta Rose, indignée.

— C'est lui, le bon ami de Rose ? demanda Gaylord enfournant une mixture de purée de pommes de terre et de sauce.

Le teint triste de Rose vira désagréablement au cramoisi foncé.

— Bobs — M. Roberts — est un ami, c'est tout. Nous nous intéressons tous deux à la psychologie. Rien de plus.

Elle reprit, s'empêtrant encore plus :

— Ça n'a rien… d'idiot.

— Personnellement je ne vois rien d'idiot dans les rapports sexuels, dit Becky avec conviction.

— En tout cas, il n'est question de rien de tel, dit Rose.

Gaylord regarda par la fenêtre.

— Qu'est-ce qu'il y a comme brouillard ! fit-il remarquer. Je parie que si le bon ami de Tante Rose arrive jusqu'ici, il devra passer la nuit. Il faudra le mettre avec…

— Gaylord ! cria Maman, ne sachant pas ce qui allait venir, mais redoutant le pire.

— … le mettre avec Papa, au grenier, continua Gaylord, refusant de se laisser interrompre.

— Mais je ne dors pas au grenier ! dit Papa.

— Vraiment, chéri ? demanda Maman d'une voix suave.

Mais Rose regardait par la fenêtre avec anxiété. Gaylord avait raison. Le brouillard avançait comme une armée montant à l'assaut ; il se levait des champs gris, ondoyait dans les chemins. Et si, après tout, Bobs ne venait pas ? Elle aurait l'air d'une belle imbécile. La famille en ferait des gorges chaudes. Ce n'était pas juste. Rien n'empêchait jamais les invités de Becky de venir. Ils arrivaient, sûrs d'eux et rapides comme des aigles, fondant sur la maison dans leurs voitures de sport, ou emplissant l'air du tonnerre de leurs puissantes motos. Mais Bobs, cramponné au volant de sa vieille Morris, Bobs était très différent. « Seigneur, faites qu'il vienne », pria-t-elle, pensant que, s'il ne venait pas, elle en mourrait de mortification et d'amour déjà.

— Ça épaissit, annonça Gaylord, ravi. Je parie que le bon ami de Tante Rose n'arrivera même pas jusqu'ici.

— Oh ! la ferme ! dit Tante Rose grossièrement.

Gaylord n'approuvait pas le dimanche après-midi. Tout le monde faisait la sieste. Il décida de se volatiliser.

Il se glissa dans la cour de la ferme. Et le brouillard l'engloutit.

Gaylord aimait le brouillard. Ce serait rudement facile de se perdre, décida-t-il. Toute la famille se lancerait à sa recherche avec des lampes-tempête et découvrirait finalement son petit corps, glacé et raide, à peine à cinq cents mètres de la maison. Il s'en arrachait presque des larmes.

Le jour baissait déjà. Il y avait de grandes flaques d'ombre sous les arbres dressant leurs silhouettes menaçantes comme des géants prêts à bondir. Gaylord partit le long du chemin. Au fond de son cœur il savait qu'il serait difficile de se perdre. Mais quel mal y avait-il à essayer ?

Il atteignit son coin favori, une vieille carrière, dominée par des arbres, envahie par un enchevêtrement de bouleaux blancs, de tiges mortes de lauriers de Saint-Antoine, et de ronces auxquelles restaient encore accrochées quelques mûres lamentables. Le brouillard y était plus épais qu'ailleurs ; le silence intense. Gaylord se fraya un chemin à travers les fourrés.

— Salut, Gaylord ! lança une voix douce et suave.

Gaylord eut une peur terrible, mais n'en montra rien. Il resta immobile.

— Qu'est-ce tu fais ? dit la voix.

Gaylord essaya de distinguer quelque chose. Il vit dans le brouillard un pâle visage lunaire qui l'accueillait avec un sourire.

— J'ai su tout de suite que c'était toi, Willie, dit-il avec un soulagement intense.

— Y a du brouillard, continua Willie. Tu viens te promener ?

Voilà qui était excitant. Non seulement il y avait la possibilité de se perdre, mais il y avait le fait que Maman lui avait défendu de parler à Willie, parce qu'il manquait une case à Willie. Gaylord ne connaissait personne d'autre à qui il manquât une case ; c'était bien de Maman de l'empêcher de voir quelqu'un avec un truc si extraordinaire.

Willie tendit une grande main et prit celle de Gaylord. Ils se mirent en route.

— C'est tranquille, hein ?

C'était vraiment tranquille. Pas un bruit, on n'entendait ni oiseau, ni bête, ni homme. À un moment, un rectangle jaune de lumière brilla doucement dans la pénombre ; ils le laissèrent derrière eux. Le silence, le brouillard, la route humide, l'herbe mouillée et jaunissante des talus. Rien d'autre dans le vaste monde.

Ils continuèrent d'avancer. Et la couche de bon sens solide qui ne se cachait jamais très loin de la surface, dans l'esprit de Gaylord, affleura soudain :

— Tu crois que nous nous sommes perdus, Willie ? demanda-t-il en ralentissant.

— Oui, dit Willie, qui resserra son étreinte.

Gaylord se carra fermement sur les pieds.

— Ça suffit, je retourne.

Willie le tira :

— Tu as peur.

— Non, dit Gaylord.

Ils luttèrent dans le chemin silencieux. Mais Willie avait dix-huit ans et son corps était plus vigoureux que son pauvre esprit débile. Gaylord ne put se dégager.

— Je veux te montrer quelque chose, dit Willie, d'un ton plein de promesses.

— Quoi ?

— Attends, tu verras.

Peut-être Willie avait-il trouvé un trésor caché. À contrecœur Gaylord avança encore un peu. Mais le brouillard paraissait maintenant imprégné de bruits. Les bruits grossirent. Devant eux le brouillard devint lumineux, se condensa sous forme de deux yeux jaunes entourés d'un halo brillant. La voiture s'arrêta brutalement.

— Gaylord ! cria une voix.

— R'voir, dit Willie, se perdant dans le brouillard.

Gaylord s'approcha pour examiner l'intérieur de la petite voiture de sport rouge. Il fut déçu de découvrir que ce n'était pas une expédition lancée à sa recherche. Ce n'était qu'un des soupirants de Tante Becky.

— Auriez-vous la gentillesse de monter avec moi pour m'indiquer le chemin, Gaylord ? demanda poliment le jeune homme.

— Si vous voulez, répondit Gaylord, magnanime.

Il monta.

Cinq minutes plus tard, il avait discrètement repris sa place dans la vie de la maison. À tout le moins le pensait-il ! Mais Maman, brusquement, l'examina d'un œil perçant et demanda :

— Où as-tu été ?

— Dehors, dit Gaylord innocemment.

— Où cela, dehors ?

— Dehors, c'est tout.

Avec une astuce diabolique Gaylord détourna la conversation :

— Est-ce que le bon ami de Tante Rose est arrivé ?

À son grand soulagement la manœuvre réussit. Tante Rose rétorqua d'un ton sec :

— M. Roberts ne vient pas avant l'heure du dîner.

Et l'homme à la voiture de sport rouge, assis sur le divan en train de roucouler béatement avec Becky, dressa l'oreille et dit :

— Qu'est-ce que j'entends, Rose ? Seriez-vous une petite cachottière ?

— Je parie qu'il ne viendra pas, dit Gaylord. Je parie tout ce qu'on voudra qu'il ne viendra pas.

— Très bien, dit Tante Rose, se dominant. Il ne viendra pas.

— Ça épaissit de plus en plus. S'il essaie de venir je parie qu'il aura un accident.

Tante Rose, perdant un peu la tête, s'écria :

— Peut-être, en cet instant même, est-il déjà étendu quelque part, exsangue !

Gaylord réfléchit un moment à cette déclaration.

— Qu'est-ce que ça veut dire : exsangue ? demanda-t-il enfin.

— Qui a perdu tout son sang.

— Exsangue, dit Gaylord. Exsangue, exsangue, exsangue.

C'était un bon mot. Il lui plaisait. Il le mit de côté pour un usage ultérieur.

— Je parie que le petit ami de Tante Becky sera obligé de passer la nuit ici. Il faudra le mettre avec...

Grand-Papa jeta son *Observer* par terre :

— As-tu bientôt fini de décider avec qui couche celui-ci et celui-là, dans cette maison ?

Gaylord fut blessé.

— Je disais seulement...

— Bon, suffit !

Gaylord s'adressa au petit ami de Tante Becky et dit, sur le ton de la conversation :

— Papa a couché au grenier. Il ne voyait pas l'argent du même œil que Maman.

L'obscurité et le brouillard s'insinuèrent autour de la maison, l'entourèrent furtivement, de plus en plus épais. Mais, à l'intérieur, les flammes dansaient dans la cheminée, et la famille était installée confortablement pour sa soirée du dimanche. Becky et son petit ami se tenaient la main et, de temps à autre, partaient d'un fou rire. Rose, assise, Freud ouvert sur les genoux, feignait de lire, alors qu'elle se disait en réalité qu'on l'observait et son regard se perdait dans le vague quand on cessait de la regarder. Grand-Papa continuait obstinément à se frayer un chemin à travers les vastes plaines de l'*Observer*. Maman faisait un tapis pour l'escalier. Grand-Tante Marigold, Papa et Gaylord consacraient leur temps à la méditation.

Le vieux cerveau de Grand-Tante Marigold était pareil à une machine à explorer le temps dont la direction fantaisiste l'eût ballottée du présent au lointain passé, des événements anciens d'un triste jadis au dîner du lendemain. L'ennui, c'était qu'elle commençait à s'y perdre. Parfois Victoria était encore sur le trône, d'autres fois c'était Élisabeth. Parfois ses amis de jeunesse qui, silencieusement, s'étaient effacés l'un après l'autre parmi les ombres, étaient encore avec elle, plus réels que ses compagnons présents. Parfois Gaylord était Gaylord ; d'autres fois, il était Papa avec trente ans de moins, à l'époque où le monde était jeune et délicieux, où les étés duraient plus longtemps que ceux de maintenant, mornes interludes entre le printemps et l'automne.

Papa méditait, plume à la main, feuille blanche devant lui. Comme la plupart des écrivains humoristiques, il était d'un naturel mélancolique et hanté. Comme la plupart des humoristes, il eût aimé avoir écrit *Hamlet*, si le Barde ne s'en était pas chargé avant lui (fait qui l'emplissait d'un certain ressentiment à l'égard du grand patron de la littérature anglaise). Son inconscient bouillonnait de situations dramatiques et d'ironie tragique. Mais il était forcé d'être drôle. Tout le reste lui était interdit.

— Ris donc, paillasse, murmura-t-il amèrement, et il se mit à écrire.

Le petit cerveau de Gaylord était plein d'une joyeuse effervescence. D'abord, il y avait l'histoire du trésor caché de Willie : le champ était ouvert à d'infinies spéculations. Dès que ce serait possible, il était résolu à partir à la recherche de Willie, quoi que Maman pût dire. Il y avait l'affaire, riche de possibilités, du bon ami de Tante Rose. Il y avait aussi la question de savoir quel plaisir enchanteur Becky et son soupirant trouvaient à se tenir la main comme ils le faisaient. Enfin, il y avait en vue la bataille de l'heure du coucher. D'un moment à l'autre, Maman, telle qu'il la connaissait, allait dire : « Au lit, Gaylord », et il fallait à tout prix qu'il eût prévu la contre-offensive. Il alla à la fenêtre, écarta les rideaux, écrasa son nez sur la vitre froide.

— Ça va de pis en pis, soupira-t-il.

— Au lit, Gaylord ! dit Maman.

Il se retourna, outragé.

— Il n'est même pas six heures ! s'écria-t-il, plein d'étonnement incrédule.

— Encore une minute, à peine, dit Maman.

— La pendule avance.

— Allons, range tes affaires.

C'était un de ses autres griefs contre Maman. Les arguments logiques la laissaient de glace.

— Grand-Papa a dit qu'elle avançait, gémit-il.

— C'était la semaine dernière, intervint Grand-Papa.

Gaylord réfléchit rapidement.

— Eh bien ! si elle avançait la semaine dernière, elle doit avancer encore plus cette semaine.

— Je l'ai retardée, dit Grand-Papa.

Sans espoir ! Gaylord changea son fusil d'épaule :

— Je ne crois pas que le bon ami de Tante Rose arrive maintenant.

— Au lit ! répéta Maman.

Gaylord émit un jugement mûrement considéré :

— À mon avis, ou bien il ne viendra pas, ou bien il a eu un accident.

— Ou les deux, murmura Papa, de la table où il écrivait.

Gaylord reprit courage. Au moins un peu de feu sur lequel il pourrait peut-être jeter de l'huile.

— Bien sûr, s'il a eu un accident, il ne peut pas venir parce qu'il est à l'hôpital, tout... tout exsangue.

— Ou mort, dit Papa.

— Je compte jusqu'à dix, dit Maman. Un, deux…

— Je ne peux pas rester pour voir le bon ami de Tante Rose ?

— Trois, quatre. Tu viens de dire qu'il n'allait pas venir.

— Mais ce n'est pas sûr, Maman.

— Merci, dit Tante Rose avec amertume.

— Cinq, six, attention, Gaylord !

Gaylord réfléchit désespérément. Il regarda Tante Becky et son amoureux.

— Pourquoi est-ce que vous ne vous tenez pas la main, Papa et toi ? demanda-t-il.

— Dix ! dit Maman. Au lit !

Gaylord savait reconnaître ses défaites.

— Bonne nuit, tout le monde, dit-il, capitulant résolument.

Il embrassa Tante Rose sans enthousiasme, Becky avec plaisir, Maman et Papa par pure habitude, et Grand-Papa passionnément, non tant par affection que parce qu'il aimait le contact rugueux de la joue de Grand-Papa.

Quand la porte se fut refermée derrière lui, il y eut des soupirs de soulagement ; la longue soirée s'installa autour de la famille tandis que le feu s'installait dans le foyer.

Tante Rose pensa : « Je lui donne jusqu'à six heures et demie. S'il n'est pas là, je le bannirai complètement de mes pensées. »

À six heures et demie, elle se dit : « Il peut encore venir. Il s'est peut-être égaré dans le brouillard et il aura été retardé. » À sept heures, elle regarda Becky et se dit : « Pourquoi a-t-elle toujours un soupirant sous la main ? Rien ne les empêche jamais de venir, eux ! Mais moi, la première fois que j'invite un homme à dîner, il faut que le brouillard lui interdise d'arriver. Et j'ai trente ans, et le temps presse, terriblement ! »

À huit heures, elle aspira à la fin de la soirée. D'habitude, elle s'accrochait à toutes les minutes de ce week-end, qui la libérait de sa classe. Mais cette fois, elle ne souhaitait plus qu'une chose : être à son école mixte, ce qui lui permettrait de voir son cher Bobs.

Vint l'heure du dîner. Ils s'installèrent. À son grand soulagement, pas d'allusion à la chaise vide. Finalement, elle put regagner sa chambre. Elle regarda dehors. Le brouillard obstruait la fenêtre comme une couverture de l'armée, d'un gris sale. Le monde extérieur était vide de toute vie. Ce dimanche avait été un jour vide, comme le passé et comme l'avenir. Si Bobs l'avait aimée, vraiment aimée, il serait venu, eût-il dû faire quinze mille kilomètres. Maintenant, elle connaissait la vérité.

CHAPITRE III

Le brouillard, ayant fait sa sale besogne, replia sa tente comme un Arabe et décampa pendant la nuit. Le lundi matin, le temps était clair et gai ; on eût dit que le calendrier était brusquement revenu à septembre. Dans la cour de la ferme, un oiseau chantait, dernière explosion de joie avant le silence de l'hiver. Gaylord, en s'éveillant, se dépêcha d'aller voir Papa et Maman. Mais ils l'avaient devancé. Ils étaient ensemble, debout et déjà habillés. Ils lui adressèrent un sourire aimable.

— Avide de nouvelles ? demanda Papa.

Gaylord se sentit plutôt blessé. Ils ne se confiaient pas à lui.

— Est-ce que Papa a dormi au grenier ? demanda-t-il.

Ils lui adressèrent un nouveau sourire et en échangèrent un autre entre eux. Ils ne dirent rien.

Gaylord s'éloigna. Il s'en lavait les mains. Il passa une demi-heure à méditer, enfermé dans les cabinets. Puis il se rendit à l'école du village, où il absorbait l'instruction avec l'indifférente efficacité d'une éponge s'imbibant d'eau.

Une voiture de sport verte vint chercher Tante Becky et la transporta en un éclair jusqu'à la ville, où elle exerçait, avec une compétence surprenante, la profession de secrétaire particulière.

Tante Rose partit, pédalant furieusement sur son vieux vélo droit jusqu'à la gare, à trois kilomètres de là. Bientôt, elle reverrait Bobs. Pleine d'impatience, elle se percha sur le bord d'un siège, dans un compartiment glacial de « seconde », tandis que le train avançait au rythme haletant et solennel de sa machine, à travers le matin étincelant. Il s'arrêta en gare. « Peut-être, pensa-t-elle, peut-être Bobs sera-t-il venu au-devant de moi sur le quai. » Il ne l'avait jamais fait. Mais aujourd'hui ce n'était pas la même chose. Il y avait des explications, des excuses, des pardons qu'on ne pouvait donner dans la salle des professeurs. Elle passa la tête à la portière. Le quai était désert. Elle se hâta vers l'école. Le train avait du retard ; le temps qu'elle arrive, les professeurs seraient déjà dans leurs classes, recommençant une autre semaine de durs combats, pour verser dans des esprits indifférents ou hostiles tout ce que l'on avait pensé ou écrit de mieux au monde. Elle ne vit pas Bobs avant la récréation du matin.

Il était à l'autre extrémité de la salle des professeurs, coincé par ce raseur de Symons. Il la vit et détourna les yeux. Il finit pourtant par se décider à se frayer un chemin à travers la pièce encombrée.

— Vous parlez d'une saleté de brouillard ! J'espère que vous ne m'avez pas attendu ?

— Seigneur Dieu, non ! répondit-elle.

— Sortir par un temps pareil ! Pas si bête, J.J. Roberts ! dit-il. Il a trop de respect pour sa peau.

— C'eût été de la dernière sottise !

— Stupide ! Je vous crois.

Il se pencha vers elle avec un sourire plein d'assurance :

— Je ne serais pas sorti hier soir pour la reine d'Angleterre !

— Peut-être aimeriez-vous venir la semaine prochaine, à la place ? suggéra-t-elle, tout en jouant nerveusement avec un porte-mine.

— O.K., si vous pouvez me garantir qu'il fera meilleur.

— Je ferai de mon mieux, soupira-t-elle d'un ton léger, le cœur lourd. (Et, plus bas :) J'ai été déçue que vous n'ayez pas pu venir, Bobs.

— Oui, mais, comme je dis, on ne peut pas changer le climat anglais, n'est-ce pas ?

La cloche sonnait. Elle lui adressa un pâle sourire.

— Il faut que je retourne à mes gosses.

— C'est juste. Faut reprendre le collier.

Il vida sa pipe.

Mais elle ne parvenait pas à se détacher de sa présence.

— À dimanche prochain, alors ? dit-elle. Si tout va bien.

— Si tout va bien, dit-il distraitement, tout en arrangeant ses livres.

Il partit, et elle se rendit compte qu'il l'avait déjà complètement oubliée.

« Rentre directement à la maison », avait dit Maman. C'est ce que fit Gaylord, à un rien près. Il se permit juste un petit détour par la vieille carrière.

La belle matinée n'avait pas tenu ses promesses. Vers midi, un mince nuage avait fait son apparition très haut, près du soleil et, lentement, il était descendu, d'abord voilant, puis effaçant l'astre lumineux et étendant une ombre glacée sur la terre humide. Le soleil invisible avait poursuivi sa course vers son coucher et, quand Gaylord atteignit la carrière, l'obscurité pesait lourdement sur la campagne. Gaylord s'avança dans les fourrés mouillés. Il y trouva Willie, occupé à ne rien faire, avec autant de naturel qu'un arbre.

— Qu'est-ce que tu voulais me montrer ? demanda Gaylord.

— Tu voulais pas venir, dit Willie.

— Je veux bien maintenant.

Willie se mit mollement en route :

— Alors, viens.

Ils partirent le long des sentiers humides.

Ils marchaient en direction de la rivière. Ils quittèrent le sentier et tournèrent dans un chemin encaissé entre de hautes haies de buis ; un chemin envahi d'une jonchée d'orties et de patiences mourantes. Ils atteignirent les prés au bord de l'eau.

En ce dernier moment du jour, le nuage avait de nouveau minci ; des raies de lumière pâle, diluée, s'étalaient sur les remous de la rivière et touchaient les pierres croulantes de la vieille hutte de pêcheur. Willie se dirigea vers la hutte. Une fois de plus, la sonnette d'alarme se déclencha dans le cerveau de Gaylord.

— Où allons-nous ? demanda-t-il lentement.

— C'est là-dedans, répondit Willie.

Gaylord oublia l'avertissement. C'était vraiment l'endroit rêvé pour un trésor caché. Ils entrèrent dans la hutte en ruine. Les dalles de pierre éclataient sous la poussée des arbres et des buissons, le toit s'était effondré depuis des années. Il y avait un foyer avec une grille noircie et brisée. Willie observa Gaylord d'un œil brusquement soupçonneux, presque hostile. Il lui saisit le bras.

— Promets-moi que t'en parleras pas, dit-il.

— Promis, répondit Gaylord.

Et il se livra à une gesticulation rituelle compliquée, exigeant qu'on fît le signe de la croix, qu'on crachât par terre et qu'on marchât en louchant.

Willie s'approcha de la grille. Il ôta un tapis d'herbes sèches. Gaylord s'approcha à son tour pour observer, muet d'émotion. Il y avait là, dans un nid de brindilles et de feuilles, la plus belle chose que Gaylord eût jamais vue. Même dans cette lumière mourante, elle luisait et brillait. Avec un infini respect Willie la souleva. Gaylord regardait, les yeux ronds.

— C'est quoi ?

— Un presse-papiers, dit Willie.

— À quoi ça sert ?

— Sais pas.

Willie caressait le verre lisse avec amour, de ses gros doigts blancs, et contemplait avec une tendresse passionnée l'image à jamais prisonnière, comme une mouche dans l'ambre, de l'hôtel de ville de Leeds.

— Je voudrais le tenir, dit Gaylord.

Avec précaution, Willie le lui tendit. C'était terriblement lourd, ce gros bloc de verre lisse et rond dans lequel était enchâssée la belle image. C'était délicieux à toucher, beau à regarder. Gaylord était fasciné.

Tout à coup, Willie le lui arracha, à la fois brutalement et précautionneusement. Il le remit en place, le recouvrit comme un prêtre recouvre les objets consacrés, se retourna pour regarder Gaylord avec le même mélange de soupçon et d'hostilité.

— T'iras tout raconter.

— Jamais ! dit Gaylord, et il réitéra la gesticulation rituelle.

— Je regrette de te l'avoir montré, reprit Willie. (Soudain son visage pâle et bouffi grimaça : il se mit à pleurer.) T'iras tout raconter et on viendra me le prendre, ajouta-t-il en reniflant.

— Mais non, Willie ! protesta Gaylord.

Willie essuya ses larmes avec sa main. Il prit un air rusé et dit avec conviction et simplicité :

— Je te tuerai si tu fais ça.

Un frisson délicieux parcourut Gaylord, mais il enfouit les mains dans les poches de son pantalon pour demander, désinvolte :

— Tu as déjà tué quelqu'un, Willie ?

Willie ouvrit la bouche pour répondre ; puis le regard de ruse à demi démente réapparut.

— Viens, dit-il, et il fit sortir brutalement Gaylord de la hutte, l'entraînant là où les lumières du village commençaient à trouer l'ombre de leur éclat jaune.

Gaylord arriva chez lui les mains dans les poches, sifflotant entre les dents d'un air apparemment dégagé. Maman lui jeta un coup d'œil et demanda :

— Te voilà, qu'as-tu encore fait ?

— Rien, répondit Gaylord, de l'air et du ton outragés qui correspondaient à ses sentiments.

— Tu as mis le temps !

— À quoi faire ?

— À ne rien faire.

— J'étais à l'école.

— Oui, mais après ?

Gaylord eut l'air intrigué :

— Je suis rentré.

— Tu marches bien lentement !

Il traversa la cuisine en boitant péniblement.

— Je me suis fait mal à la jambe, expliqua-t-il. La maîtresse pense que je me la suis peut-être cassée.

Maman regarda Gaylord d'une façon que celui-ci n'aimait pas.

— Tu as parlé à Willie ? demanda-t-elle, accusatrice.

Maman avait l'esprit terriblement soupçonneux. Gaylord ne cessait jamais d'être choqué par ce qu'il considérait comme un très gros défaut de caractère chez elle. Il la dévisagea du regard innocent et peiné de ses yeux bleus ; c'était là un des traits curieux de Gaylord. Déformer la vérité et user de faux-fuyants était toute sa vie ; mais quand on en arrivait au mensonge pur et simple, caractérisé, il était frappé d'inhibition.

— C'est-à-dire, pas exactement parlé.

— Exactement quoi, alors ? répliqua Maman, paraissant mesurer deux mètres de haut.

Mais Gaylord avait réussi à l'attirer hors des oppositions simples, en noir et blanc, du mensonge et de la vérité, pour la ramener parmi les ombres mouvantes des suggestions et des tergiversations.

— Il m'a seulement dit : Bonsoir, Gaylord ; et j'ai dit : Bonsoir, Willie.

Et, de nouveau indigné :

— Je ne pouvais tout de même pas ne pas lui dire : Bonsoir, Willie, quand il m'avait dit : Bonsoir, Gaylord, non ?

— Et ensuite ? demanda Maman.

— Ensuite, je suis rentré à la maison, dit Gaylord.

Après tout il était rentré. Il était là, non ?

— Directement ? demanda Maman.

Il y a des gens qui cherchent toujours la petite bête.

— Presque, dit Gaylord, tout en songeant qu'il ouvrait l'écluse au déferlement d'un véritable interrogatoire.

Mais, à sa grande surprise, Maman n'insista pas. Elle s'assit, lui mit les mains sur les épaules et, le regardant d'un air grave :

— Gaylord, il ne faut pas parler à Willie, ni le fréquenter. J'y tiens beaucoup.

— Mais pourquoi, Maman ?

Silence. Puis :

— Je ne sais pas, Gaylord. Le fait est que je ne sais pas, dit Maman, presque comme si elle parlait à un adulte. J'ai simplement l'impression que ce n'est pas... prudent.

— Parce qu'il lui manque une case ?

— Ce n'est pas gentil du tout de dire ça... Mais enfin, c'est probablement cela, oui.

Maman semblait perdue dans ses pensées. Gaylord estima que le moment était venu de tenter un décrochement tactique.

— Est-ce que le bon ami de Tante Rose est venu ? demanda-t-il.

— Je veux que tu me promettes, dit Maman.

— Que je promette quoi ? dit Gaylord, comme s'il ne le savait pas.

— De ne pas fréquenter Willie.

Il se livra à son cérémonial secret.

— Gaylord ! cria Maman, scandalisée. Que je ne te voie plus jamais faire ça !

— Pardon Maman, dit Gaylord, content, mais pleinement conscient de n'avoir en réalité rien promis, et surtout désireux maintenant d'empêcher Maman de s'en rendre compte à son tour. La maîtresse dit que, si l'on roule des calots quand le vent vient de l'est, on reste comme ça.

— Ne dis pas *roule les calots*, dit Maman.

Ils s'éloignaient du rivage dangereux de Willie, voguant vers le large.

— La maîtresse dit *rouler les calots*, maintint Gaylord.

Maman soupira. Si la maîtresse disait la moitié des choses que Gaylord lui attribuait, elle devait avoir l'esprit bien étrange.

— Est-ce qu'on peut prendre le thé bientôt ? demanda Gaylord, mettant quelques kilomètres de plus entre Willie et eux.

— Il a encore vu Willie, dit Maman. Mais je lui ai fait promettre de ne pas recommencer.

— Tu as sa promesse écrite ? demanda Papa.

— Je crois qu'on peut lui faire confiance, s'il a promis.

— S'il a promis ! Tu es sûre qu'il l'a fait sans restriction mentale ?

Maman réfléchit.

— Je crois. Mais comment savoir ce qui se passe dans ce petit cerveau tortueux ?

C'était en vérité une excellente question. Papa dit :

— De toute façon, Willie est probablement parfaitement inoffensif.

— Je me demande, dit Maman. Je dois avouer qu'il a un charmant sourire et l'air très doux. Mais il me donne la chair de poule. Je ne sais pourquoi, je l'imagine capable d'à peu près n'importe quoi.

Vendredi soir. Encore une semaine d'ennui et d'irritation passée. Rose surprit Bobs au moment où il sortait sa bicyclette du hangar. Eut-il vraiment un moment l'air pris au piège ? Au point où elle en était !

— Est-ce que nous vous verrons dimanche ? demanda-t-elle.

— Oh ! Ah oui ! À dire vrai, ce n'est pas absolument certain...

— Faites votre possible.

Elle savait qu'elle n'aurait pas dû dire cela. Plus on leur court après, plus vite ils se sauvent. Seulement, si on ne le fait pas... on est sûr de les perdre de toute façon. C'était un cercle vicieux ; un problème sans solution pour les filles comme Rose, mais qui ne se posait même pas pour les filles comme Becky.

Il était plus jeune que Rose. Il avait des cheveux noirs bien collés et une petite moustache noire. Son veston était un peu trop serré, sa cravate un peu trop voyante, ses souliers un peu trop longs, son sourire beaucoup trop facile et beaucoup trop passager. Un assortiment de stylographes et de stylos-bille dépassait de sa poche comme des dents cassées. La plupart des hommes ne l'auraient pas trouvé à la hauteur. Mais Rose se sentait fondre d'amour pour lui.

— Tâchez de venir, répéta-t-elle.

— O.K., dit-il sans grand enthousiasme. Je ferai de mon mieux. Vers huit heures ?

Elle avait été sur le point de dire : six heures.

— Un peu plus tôt si vous pouvez, dit-elle.

— D'accord. Moins le quart.

Il la gratifia de son sourire à éclipse et sauta en selle. « Il viendra », pensa Rose, mais sans joie. Elle se sentait humiliée, sans savoir pourquoi. Ce n'était pas la faute de Bobs, naturellement. C'était la sienne. Qu'avait-elle besoin de s'abaisser de la sorte ? Mais il le fallait bien, non ? Sans quoi il ne viendrait pas, et le monde resterait aussi vide qu'avant.

Mais, ce dimanche-là, Rose ne dit rien. Elle n'en eut pas le courage. Il serait bien assez tôt quand Bobs serait là — s'il venait. Elle attendit, à bout de nerfs, tendue comme un chien de garde. À sept heures, elle entendit un bruit. Une voiture remontait le chemin, puis l'allée, s'arrêtait. Elle se dressa à demi, les mains voletant autour de la gorge. Mais Becky fit remarquer d'une voix tranquille :

— On dirait que c'est Peter, et elle courut à la porte.

C'était Peter. Ils entrèrent, riant et se tenant par la main. Rose les aurait tués.

La tension de ses nerfs atteignit presque le point de rupture. Le dîner était à sept heures trente. Mais parce qu'elle avait été trop faible pour en avertir Bobs, elle se trouvait face à ce terrible dilemme : ou demander qu'on retarde le dîner et expliquer pourquoi, ou risquer que Bobs n'arrive au milieu du repas, avec toute la confusion que cela impliquerait.

Sept heures vingt-cinq. Et pas de Bobs. Mais Grand-Papa dormait, faisant un grand bruit rauque sous son *Observer* ; et tant que Grand-Papa dormirait il ne serait pas question de dîner. Faites qu'il ne se réveille pas, pria-t-elle, assise dans son coin, silencieuse comme une souris. Puis, à sept heures et demie tapantes Grand-Papa fit surface de dessous son journal et jeta un regard féroce autour de lui.

— Alors, on mange, ce soir, ou pas ?

Rose dit bravement :

— Est-ce qu'on ne pourrait pas attendre juste quelques minutes ? Il se peut que M. Roberts vienne.

— Qui ? aboya Grand-Papa.

— M. Roberts. Il devait venir la semaine dernière, si tu te rappelles, mais…

— Mais il n'est pas venu. Il n'a pas l'air de vouloir venir cette semaine, non plus.

Grand-Papa se mit péniblement debout.

— Il a dit qu'il ne pourrait peut-être se libérer que plus tard, protesta la malheureuse Rose.

Grand-Papa se rassit, les jambes écartées comme la fourche d'un arbre. Il jeta un regard noir sur sa montre.

— Cinq minutes, décréta-t-il.

Cinq minutes passèrent. Grand-Papa referma sa montre de gousset d'un coup sec, se leva et se dirigea vers la salle à manger.

— Je ne vais pas laisser se désorganiser toute la maison pour un mythique M. Roberts. On dîne !

Et ils dînèrent. Ils avaient entamé le bœuf et les pickles, quand un coup joyeux et confiant fit résonner la porte d'entrée.

Rose sauta en l'air comme si elle avait reçu une balle.

— Du calme, ma fille, du calme ! cria Becky, qui n'en perdait pas une miette. Ne fonce pas comme ça sur l'obstacle.

Rose modéra l'allure, passant de neuf à trois à l'heure. Elle alla ouvrir la porte.

— Bonjour, Bobs, dit-elle timidement. Nous avons dû commencer sans vous, je le crains.

Il dit, plutôt pincé :

— Je ne me croyais pas en retard.

— Mais vous ne l'êtes pas ! se récria-t-elle précipitamment… C'est simplement que Père… — Elle laissa la phrase en suspens. — Donnez-moi votre manteau.

Il se laissa mener, clignant des yeux, jusqu'à la salle à manger.

— Je vous présente Bobs, dit-elle.

— C'est ton soupirant, Rose ? demanda Grand-Tante Marigold avec un sourire radieux.

— Je n'irais pas jusque-là ! vociféra M. Roberts, persuadé que toute personne de plus de soixante-cinq ans était à la fois sourde et idiote.

— Et voici May… Mon frère Jocelyn… Ma sœur Becky… — Becky eut un sourire charmeur. — Et Peter… Et mon père.

Grand-Papa se leva poliment, salua, se rassit. Mais, ce faisant, il réussit à exprimer de manière parfaitement claire qu'il en voulait à mort à quiconque l'interrompait au milieu de son bœuf et de ses pickles. Il continua à manger, jetant de temps à autre un regard oblique et soupçonneux sur le nouveau venu, comme s'il craignait qu'il ne lui chipât sa nourriture sous le nez. La politesse toutefois l'emporta.

— Feriez mieux d'approcher une chaise, dit-il entre deux bouchées.

C'était une idée, mais d'une utilité limitée. L'ennui était qu'il n'y avait pas de chaise ; et y en eût-il existé une, qu'il n'y aurait pas eu de place vers laquelle l'approcher, la famille cernant la table de sa phalange compacte.

Rose, trop agitée pour penser ou agir de façon cohérente, se démenait vainement.

— Remuez-vous un peu, vous autres ! ordonna Grand-Papa.

Là-dessus, chacun empoignant les bords de sa chaise et se levant à demi, ils se propulsèrent tous vers la gauche ou la droite selon leur fantaisie. Mais enfin les choses prirent forme : on fit une place, à côté de Becky, naturellement. Grand-

Tante Marigold fournit une assiette. Grand-Papa découpa impatiemment de la viande et Rose, retrouvant ses esprits, alla chercher une chaise à la cuisine. Bobs s'assit.

— Pickles ? demanda Becky, de l'air de la belle esclave circassienne offrant des sucreries au Sultan.

— 'ci, dit Bobs, couvant sa portion de bœuf d'un regard affamé.

Si seulement quelqu'un avait bien voulu lui donner un couteau et une fourchette, il aurait pu commencer ! Mais la famille semblait épuisée par ses efforts. Rose le regardait, perdue dans sa contemplation. Tous les autres attaquaient vigoureusement, anxieux de rattraper le temps perdu. Bobs se livra à une mimique suppliante à l'intention de Rose. Elle sourit béatement.

— Pourrais-je..., commença Bobs.

Sur quoi la porte s'ouvrit. Gaylord, son pantalon de pyjama en berne comme de coutume, apparut sur le seuil. Il souriait angéliquement.

— Gaylord ! cria Maman, pourquoi n'es-tu pas au lit ?

— Je venais voir le bon ami de Tante Rose.

— Oh ! Seigneur ! dit Bobs.

« Soupirant » était déjà de trop. Il commença à se demander comment tous imaginaient sa position dans la famille. Même un mariage sous la menace d'un revolver paraissait possible, quand on regardait le vieux.

— Tu devrais dormir depuis longtemps, dit Maman.

— Je dormais, dit Gaylord raisonnablement, mais je me suis réveillé.

— Bien, dis bonsoir à M. Roberts. Et au lit !

— Bonsoir, soupira Gaylord sans passion.

Il ne savait pas très bien à quoi il s'attendait, mais il était nettement déçu. M. Roberts avait l'air aussi ordinaire que n'importe qui.

— Bonsoir, répondit Bobs avec un égal manque de passion.

Il était plein de doutes. Cette fille semblait avoir donné à sa famille une version hautement colorée de leurs rapports. Méfiance, décida-t-il. Prudence, extrême prudence. Et il n'avait toujours ni couteau ni fourchette !

Gaylord fit le tour de la société, embrassa tout le monde, histoire de gagner du temps.

— M. Roberts n'a pas mangé son bœuf, fit-il observer.

— Vous n'aimez pas ça ? demanda Grand-Papa agressivement.

— Je n'ai ni couteau ni fourchette, dit M. Roberts, presque aussi agressivement.

— Seigneur Dieu ! s'exclama Grand-Papa. — Et dire que cet homme restait assis là, sans protester ! Quelle nouille ! — Que quelqu'un lui donne un couvert ! ordonna-t-il.

— Je suis absolument désolée, Bobs !

Rose était presque en larmes ; elle apporta un couteau et une fourchette.

— 'ci, dit Roberts, enrichissant d'un monde d'ironie le répugnant monosyllabe.

— Au lit ! Gaylord ! dit Maman.

C'était une obsession chez elle.

— J'ai faim, dit Gaylord.

— Tu peux prendre un biscuit.

— 'ci.

— Qu'est-ce que tu as dit ? demanda Papa, menaçant.

Il était prêt à fermer les yeux sur de petites choses comme le vol ou le mensonge ; mais quand on en venait à défigurer la langue maternelle, il prenait ce que Maman appelait son « air Barret de Wimpole Street ».

— Qu'est-ce que tu as dit ? répéta Papa.

— 'ci, réitéra Gaylord, confiant parce qu'il avait prévu au moins deux parades.

— Combien de fois… ! s'exaspéra Papa.

— M. Roberts dit « 'ci », fit remarquer Gaylord.

S'il avait été assez vieux pour connaître les règles du jeu d'échecs, il aurait ajouté : « Échec et mat ».

— Quand tu auras l'âge de M. Roberts..., dit Papa, amorçant la riposte traditionnelle.

Gaylord ne fut pas impressionné. Mais Maman, coupant court, comme toujours, aux subtilités dialectiques en employant la force, saisit Gaylord et l'entraîna hors de la pièce. À son retour, Grand-Papa la regarda avec admiration.

— Moi aussi, j'ai toujours préféré le *fortiter in re* au *suaviter in modo* ; qu'en dites-vous, monsieur Robinson ?

— Roberts, dit Bobs. Pardon ?

Grand-Papa se renfrogna, et poursuivit son repas. Il n'allait pas perdre son temps à s'expliquer en mots de cinq lettres ou moins.

Becky se tourna vers Bobs. Elle avait un sourire radieux qui donna au jeune homme une éphémère sensation de vertige.

— Père veut dire qu'il est un partisan convaincu de la manière forte.

— Oh ! dit Bobs. Merci beaucoup.

Il lui rendit son sourire.

— À votre service, c'est un plaisir, dit Becky avec un second sourire étincelant.

Fugitivement, un genou ferme et doux frôla celui de Bobs. Il éprouva de nouveau une sensation de chute et, levant les yeux, rencontra le regard éperdu de Rose, braqué sur lui à travers la table.

— Avez-vous tout ce qu'il vous faut, Bobs ? demanda-t-elle.

— Oui, 'ci, dit Bobs.

Rose se creusa la cervelle mais fut incapable de trouver autre chose à ajouter. « Que le diable emporte Becky ! » pensa-t-elle. Elle a déjà un homme, et voilà qu'elle court après le mien. Par pure perversité. Mais Becky ne pouvait pas plus s'empêcher de réagir à la présence d'un homme que l'essence à une allumette enflammée.

— Qu'est-ce que vous faites, M. Roberts ? susurra-t-elle.

— J'enseigne, répondit Bobs.

— Oh ! pour l'amour du Ciel ! dit Grand-Papa.

— Pardon ? fit Bobs, inquiet.

Ce pauvre type n'aurait-il pu dire autre chose que « pardon » ? Becky joua une fois de plus les interprètes :

— Père ne croit pas à l'enseignement.

M. Roberts médita cette déclaration remarquable. Rose intervint :

— Ne faites pas attention à lui, Bobs. Moi, je crois que l'enseignement est une noble profession.

— Moi aussi, ajouta Becky avec tous les accents de la conviction.

— Ils ont de sacrément longues vacances en tout cas, dit Peter, ouvrant la bouche pour la première fois, puis se mettant à rire nerveusement.

Grand-Papa lui jeta un regard acide.

— Faut bien, dit-il. Sinon, comment croyez-vous qu'on trouverait des gens pour faire un métier pareil ?

Bobs reprit avec raideur :

— Que faites-vous de la vocation, Monsieur ?

— Personne n'a la vocation de l'enseignement, insista Grand-Papa avec fermeté.

— Père, tu n'es ni aimable ni juste avec M. Roberts, dit Becky.

— Moi ?

Grand-Papa prit un air incrédule.

— Ta conduite nous couvre de honte ! proclama Papa qui gardait encore un souvenir cuisant du *suaviter in modo*.

Grand-Papa fut sincèrement horrifié. S'il y avait une chose dont il était fier, c'était bien sa politesse à l'ancienne mode. Il se tourna vers M. Roberts.

— Mon cher monsieur Robertson, je vous prie de m'excuser si j'ai pu dire quelque chose... oui, je ne peux que m'excuser et vous demander de mettre cela sur le compte de la stupidité de l'âge.

— Il n'y a pas de quoi, dit Bobs. Il y a des professeurs littéralement puants.

— Servez-vous de fromage, je vous prie, dit Grand-Papa. Je vous recommande le stilton, il est fait à point.

Le repas se termina enfin. Ils se retirèrent au salon. Rose, voyant Becky et Peter installés, main dans la main, côte à côte sur le canapé, pensa : « Enfin. Maintenant je vais l'avoir pour moi toute seule, sans cette petite garce. »

— Venez-vous asseoir ici, Bobs, dit-elle, tout heureuse, désignant la chaise à côté de la sienne.

Mais elle avait compté sans la conscience de Grand-Papa.

— Allons, monsieur Robertson. Venez parler à un vieil homme. Parlez-moi de l'échelle de Burnham, dit Grand-Papa, approchant un siège du sien.

— Merci, dit Bobs, flatté.

Grand-Papa lui donna un cigare. La soirée passa. Grand-Papa et M. Roberts s'entendaient comme larrons en foire. Becky souriait béatement à Peter, et à Bobs, chaque fois qu'elle réussissait à croiser son regard — ce qui arriva assez souvent. Rose dut se contenter du spectacle de son bien-aimé, du murmure de sa voix. L'esprit de Grand-Tante Marigold faisait la navette entre le présent et la fin du siècle dernier. Maman se tourmentait au sujet de Willie ; pourquoi ? elle n'aurait su le dire. Ce n'était qu'une impression indéfinissable de danger. Papa s'était retiré dans ce monde de l'imagination dont il était le roi incontesté ; mieux : où il était Dieu, Créateur, Ordonnateur, Destructeur.

Mais même la conscience de Grand-Papa cessait son service à dix heures et demie. Il ouvrit sa montre avec bruit, bâilla :

— Il se fait diablement tard, dit-il.

L'allusion subtile fit son effet. Becky et Peter se levèrent, se glissèrent hors de la pièce. M. Roberts dit :

— Allons, il est temps que je mette les voiles. Je dois penser à mon teint de jeune fille. Le sommeil à tout prix !

— Il faudra revenir, dit Grand-Papa. Notre petite conversation m'a énormément intéressé.

— 'ci, dit Bobs en se levant. Bonne nuit, tout le monde.

— Je vais chercher votre manteau, dit Rose.

Elle tremblait violemment. Voilà que la minute de vérité était arrivée, qui pouvait racheter toute cette lamentable soirée. Elle l'accompagnerait jusqu'à sa voiture, seule dans le noir. Et là, sous les étoiles, loin de la famille, loin de la salle de professeurs, qui pouvait dire ce qui peut-être se passerait ? Une pression des doigts, un baiser, voire des bras étreignant son corps soumis ? Ils gagnèrent le vestibule. Elle l'aida à enfiler son manteau.

— 'ci, dit-il, rendez-vous au vieux bagne, alors ?

— Je vais avec vous jusqu'à l'auto, se hâta-t-elle de dire.

Ils sortirent sous la grande véranda sombre.

— Il pleut comme le diable, dit-il.

« Seigneur ! » pensa-t-elle.

— Alors il faut que nous nous disions au revoir ici.

Elle leva les yeux vers lui dans l'obscurité, et s'avança vers lui. Elle sentait le tweed rugueux de son manteau, la chaleur de son corps.

— Au revoir, Bobs, murmura-t-elle avec une tendresse infinie.

— Ne vous gênez surtout pas, vous deux ! dit une voix joyeuse, tout à côté.

Rose sursauta convulsivement.

— Becky ! dit-elle, d'un ton durci par la déception et même, sur l'instant, par la haine. Qu'est-ce que tu fais ici ?

— En langage élégant, répondit gaiement Becky, on se lèche la poire.

Dans l'obscurité, Rose distingua deux visages, très proches l'un de l'autre.

— Eh bien ! à la prochaine, dit Bobs, guilleret. (Et d'un ton plus grave :) Bonne nuit, Becky.

— À un de ces jours, répondit cette dernière.

Impulsivement Rose dit :

— Je vous accompagne.

— Vous allez vous tremper.

— Non, non, dit-elle.

Mais le charme, s'il avait jamais existé, était rompu. Rose resta plantée misérablement sous le déluge, pendant que Bobs sautait dans la voiture, allumait les phares, mettait le contact, s'éloignait :

— À la prochaine ! avec un petit signe de la main.

Elle regagna la véranda.

— Partir, c'est mourir un peu, dit Becky.

— Fiche-moi la paix !

Rose, furieuse, se précipita dans la maison.

— Il pleut ? demanda Grand-Tante Marigold, surprise.

— Des cordes ! jeta Rose, et elle courut jusqu'à sa chambre où les larmes lui jaillirent des yeux comme un orage d'été.

— C'est agréable de voir Rose avec un amoureux, dit Grand-Tante Marigold. J'aime le spectacle de jeunes gens heureux.

Ce fut avec délices que, le lendemain matin, elle le vit s'avancer vers elle dans la salle des professeurs. Il souriait :

— Pourquoi ne m'aviez vous rien dit ? demanda-t-il du ton le plus amical.

— À propos de quoi, Bobs ?

— Vous avez une sœur formidable !

— Oh ! Becky ? Elle est très jolie, n'est-ce pas ?

— Vous parlez ! Le vieux monsieur aussi est très aimable. C'est drôle, j'étais sur le point de l'envoyer promener au début.

Rose dit doucement :

— J'ai peur de ne pas vous avoir beaucoup vu, Bobs.

— Ça n'a pas d'importance, dit-il distraitement, tout en observant la petite Mlle Jones qui se penchait pour ramasser un livre.

— Il faudra revenir.

Elle s'efforçait de ne pas laisser l'amertume percer dans sa voix.

— Oui, et comment ! dit-il avec plus d'enthousiasme qu'elle n'en aurait espéré.

Mais quelle part de cet enthousiasme lui revenait et quelle part à Becky ? C'était, pensait-elle misérablement, une question dont elle n'aurait jamais peut-être la réponse.

CHAPITRE IV

Novembre, le Mois des Morts, la Toussaint, le Jour des Morts ; les brumes errant sur les champs comme les âmes tourmentées des trépassés ; la rivière, rapide, courant au ras des berges, constellée de feuilles jaunes, s'infiltrant en mares fangeuses dans les prés du bord de l'eau ; les hêtres, un jour, flamboyant comme des feux de joie et, le lendemain, immobiles, morts et humides ; les bois pleurant tristement leurs feuilles et des larmes de pluie ; l'air doux, humide et parfumé des pinèdes ; le crépuscule encapuchonnant en hâte les collines ; les bottes de caoutchouc et les imperméables encombrant la véranda...

Gaylord, botté de caoutchouc, pataugeait dans toutes les flaques qu'il pouvait trouver. Il commença, dans ses zigzags, par entrevoir de loin la vieille hutte de pêcheur recélant le trésor de Willie. Mais, le temps passant, il rôda de plus en plus près. Il était attiré comme par un aimant. Bien sûr, il aurait pu entrer et jeter un coup d'œil. Mais non. C'était la maison de Willie. Il ne pouvait y pénétrer sans Willie.

Puis, une fois, vraiment malgré lui, il se trouva sur le seuil. Il ne savait même pas comment il était venu là.

Le vaste paysage était vide. Il entra.

La hutte n'avait pas changé depuis sa première visite. Le regard de Gaylord était fasciné par la grille. Le nid de feuilles et d'herbes était toujours là.

Rien de mal à jeter un coup d'œil. Il souleva la couverture végétale et se plongea dans la contemplation. C'était encore plus beau que dans son souvenir. L'hôtel de ville de Leeds brillait d'une lumière qui n'avait jamais existé sur terre ni sur mer. Avec autant de soin que s'il manipulait les joyaux de la Couronne, il souleva le bloc. Tandis qu'il le tenait, le touchait, se penchait sur ses profondeurs claires et limpides, il fut empli de cet émerveillement qui est le privilège unique de l'enfant, du poète, et peut-être de l'idiot. Il s'attardait à caresser son trésor, insouciant de ce vieux tyran, le temps, comme seuls le sont les enfants. L'idée de l'avoir dans sa chambre, de jouer avec, avant de s'endormir et en s'éveillant, lui emplissait l'esprit. Willie ne saurait jamais qui l'avait pris. Et en tout cas, Willie ne pourrait rien faire. Il lui manquait une case.

Pour la première fois de sa vie, Gaylord livrait un terrible combat à la tentation. Il gagna. Il ne sut pas pourquoi. Mais une sorte de sens profond, inné, du bien et du mal vint à son aide. Il replaça l'objet précieux et ravissant et rentra chez lui, avec un sentiment de solitude et de deuil.

L'hiver progressa furtivement. À travers les villes et les cités d'Angleterre, des messieurs d'âge respectable (présentant bien, aimant les enfants) s'ornaient de barbes blanches et d'habits rouges et prenaient position dans les grands magasins. Les fabricants de cartes de Noël offraient l'*Adoration des bergers* comme symbole d'un certain standing intellectuel, des rouges-gorges sur des bûches aux tantes d'âge vénérable et d'horribles grandes saloperies clinquantes aux clients du genre pink-gin-et-association d'anciens élèves. Il y avait tant d'œuvres qui vendaient leurs propres cartes qu'on avait l'impression qu'il faudrait bientôt fonder une œuvre nouvelle : la Société de secours aux chômeurs de l'industrie de la carte de Noël. Des nouveautés hideuses et révoltantes poussaient comme l'urticaire sur les comptoirs de magasins d'ordinaire calmes et sensés. N'importe quoi, d'une valise à une bouilloire, devenait cadeau de Noël. Dans les plus petites rues, les vitrines de boutiques miteuses s'ornaient de touffes de coton hydrophile nouées en guirlandes sur des ficelles. Des dindes, des oies, des poulets pendaient par centaines chez les volaillers, victimes fières, dodues et propres, d'un holocauste. L'Angleterre chrétienne se préparait une fois de plus à gagner quelques millions de livres en célébrant la naissance du Divin-Enfant, mis au monde par une paysanne dans l'étable d'une auberge.

Maman avait fait le plus facile de l'« opération cartes-de-Noël », c'est-à-dire qu'elle en avait acheté une cinquantaine, et qu'elle en avait écrit, timbré et mis à la poste quarante-sept. La partie difficile restait à faire : amener Papa, à force de cajoleries ou d'intimidation, à faire les trois qui restaient, une pour une tante âgée, les deux autres à de vieux copains de la R.A.F. que Papa refusait absolument d'oublier, mais pour lesquels il refusait aussi absolument de faire quoi que ce fût. Papa aurait mieux aimé écrire une nouvelle que de faire ses cartes de Noël. Il disait que ce n'était pas un travail créateur.

On fit les poudings. Toute la famille chouchoutait Abdullah, la dinde, non sans gêne, mais la créature acceptait ce traitement avec un mépris détaché. Papa dit à Maman :

— À ton idée, qu'est-ce que Gaylord voudrait pour Noël ?

Maman regarda Papa avec stupeur. Voir Papa prendre la moindre initiative à l'occasion de Noël était sans aucun précédent.

— À quoi pensais-tu ? demanda-t-elle.

— Au train électrique.

— Je lui demanderai, dit Maman. Mais tu connais Gaylord. Il voudra probablement quelque chose de vraiment extraordinaire.

Papa prit un air triste :

— Mon train à moi se composait d'une minuscule machine à remontoir qui se précipitait à une telle vitesse sur les rails qu'elle ne faisait jamais plus d'un tour. Après, elle s'envolait, basculait sur le dos, et restait les pattes en l'air à se trémousser et à donner des coups de pied comme un insecte retourné.

— Pauvre Jocelyn, dit Maman.

— C'est pour ça que, adulte, je me suis décidé à me marier et à avoir des enfants, dans l'espoir qu'il y aurait, dans le lot, un garçon auquel je pourrais acheter un train électrique.

— Maintenant je comprends, dit Maman. Je me demandais toujours… Tu avais si peu l'air du type à se marier.

— J'ai mis longtemps à y venir. Mais le projet a mûri.

— Ne te fais pas trop d'illusions, dit Maman. Tu comptes sans Gaylord.

Elle fut la première à le vérifier quand elle posa la question à l'enfant.

— Qu'est-ce que tu aimerais que le Père Noël t'apporte ?

— Un presse-papiers, dit Gaylord sans hésiter.

Il y eut un silence.

— Un quoi ? demanda Maman.

— Un presse-papiers.

Maman parla d'une voix mesurée.

— Quel genre de presse-papiers ?

— Un presse-papiers, tout simplement, dit Gaylord.

— Papa pensait que tu aurais peut-être aimé un train électrique.

Gaylord réfléchit :

— J'aime mieux un presse-papiers, dit-il finalement.

Elle alla retrouver Papa.

— Tu te souviens que je t'avais prévenu que Gaylord voudrait sans doute quelque chose d'extraordinaire ?

Papa prit son air malheureux :

— Vas-y.

— Tâche de deviner à quel point c'est extraordinaire.

Papa médita. Il secoua la tête :

— L'imagination recule, reconnut-il.

— Un presse-papiers.

Le silence pesa, puis :

— Tant d'années ! dit Papa. Tant d'années passées à attendre, à tirer des plans. Et voilà qu'il veut un presse-papiers ! (Brusquement il frappa des deux poings sur son bureau.) Bon Dieu ! il aura un train et il faudra bien qu'il s'y fasse !

— Il n'ouvrira même pas le paquet, dit Maman. Tel que je le connais...

Ils trouvèrent un presse-papiers chez un antiquaire en ville : un cerf en métal peint, d'un brun pauvre et révoltant, et Papa, en le portant jusqu'à la voiture, déclara qu'il pesait une demi-tonne.

— Si tu veux mon avis, dit-il, aucun bas n'y résistera, pour l'accrocher à l'arbre. Il faudrait prévoir une espèce de filet en fil de fer.

Et, comme il était d'humeur plus noire encore qu'à l'ordinaire, il décida de tout liquider d'un coup :

— Je suppose que nous avons été obligés d'inviter Bea et Ben, pour leur numéro de clown habituel ?

— Non, dit Maman, ils se sont invités eux-mêmes.

Conjointement ou séparément, Grand-Tante Bea et Grand-Oncle Ben étaient l'âme de toute réunion. Pour cette raison, la famille entière les craignait, se méfiait d'eux et n'avait aucune affection à leur endroit. Papa, garni de paquets comme un arbre de Noël, dit mélancoliquement :

— Noël serait vraiment une fête délicieuse si on ne faisait pas tout ce qu'on peut pour la gâcher. L'église le matin, un repas confortable ensuite, la lecture, devant un grand feu, des livres à la traîne, une cuite sans excès avant d'aller au lit, et le lendemain matin, une bonne promenade pour en finir.

— Oh ! et je suppose que le M. Roberts de Rose va venir, dit Maman qui avait le don heureux de penser à autre chose quand Papa devenait trop loquace.

— Au lieu de quoi on joue à des jeux que tout le monde déteste et on remplit la maison de gens qu'on fuirait comme la peste si on les rencontrait par hasard à l'hôtel.

— Avoir Bea et Ben, je n'appellerais pas ça remplir la maison, dit Maman qui avait le don encore plus heureux de faire les réponses convenables tout en pensant à autre chose.

— Vraiment ? dit Papa amèrement. Colle-les tous les deux dans une pièce et on y étouffe, quel que soit le nombre des gens.

Il laissa tomber un paquet, se pencha pour le ramasser et en fit tomber deux autres. Il était en rage.

— J'imagine que c'est Dickens que nous devons remercier pour toutes ces carillonneries ! cria-t-il.

— Les gens te regardent, chéri, dit Maman. Ne te laisse pas entraîner par la jalousie professionnelle.

Papa se tut. L'un des paquets tombés contenait le presse-papiers, et il se sentait tout triste à l'idée d'avoir cassé le cadeau de Gaylord.

— Bonjour Ben, bonjour Bea. Alors, vous voilà ! dit Grand-Papa d'un ton lamentable.

Oncle Ben lui tapa vigoureusement dans le dos, alors que les plus braves y auraient réfléchi à deux fois avant de se permettre une telle liberté.

— Tu n'as pas l'air dans ton assiette, John. Ça ne va pas ? On ne peut pas être et avoir été ! rugit-il.

Papa entra et vit les visiteurs.

— Oh, Seigneur ! murmura-t-il. Joyeux Noël à tous !

Oncle Ben l'examina en caressant son menton replet. Au pétillement de sa prunelle, on pouvait deviner qu'il mijotait une bonne plaisanterie.

— Eh bien, qu'y a-t-il, Joss ? On croirait que tu as vu un fantôme, comme disait la jeune fille au médium.

— L'esprit de Noël souffle comme il peut, dit Papa.

L'oncle Ben trouva cela très drôle.

— Tu l'entends, Bea ? L'esprit de Noël ! L'esprit… le fantôme, tu comprends ? Joss, il faudra que tu mettes ça dans un de tes livres !

S'il y avait une chose que Papa avait encore plus en horreur que de s'entendre appeler Joss, c'était qu'on lui dise qu'il devrait « mettre ça dans un livre ». À croire qu'on composait un livre comme les trois sorcières jetant un petit peu de tout dans leur chaudron. « Écoutez, aurait-il voulu dire, savez-vous comment William Faulkner décrivait le but que se propose un écrivain ? "Fabriquer, à partir des matériaux de l'esprit humain, quelque chose qui n'existait pas auparavant !" Voilà ce que cela signifie, écrire un livre. Ce n'est pas enfiler bout à bout des inanités piquées dans des conversations insipides. » Mais il ne dit rien. De toute façon Oncle Ben n'eût pas compris.

Rose se faufila discrètement dans la pièce.

— Bonjour, ma chérie ! s'écria Tante Bea.

Elle embrassa Rose, puis la maintint à bout de bras, comme si elle examinait une jupe pour savoir s'il fallait l'envoyer au nettoyage.

— Tu me parais bien pâlotte, ma chérie. Ben, tu ne trouves pas que Rose est pâlotte ?

— Oui, dit Ben, qui les aimait plutôt rondelettes et qui, de toute façon, trouvait que toute la sacrée famille avait l'air pâlot.

« Comme je déteste Noël ! » pensait Rose. Tous ces gens entassés, tous débordant de jovialité ; et l'alcool qui ne pouvait que lui donner mal au cœur, comme la trop bonne chère, une crise de foie. Et Bobs qui serait là demain, ce qui ne l'empêcherait pas d'être malheureuse toute la journée, parce que Becky ne pourrait pas s'empêcher, elle, de lui mettre le grappin dessus.

Elle en était là de ses pensées quand Becky fit son apparition. Moelleuse, poudrée, rose et blanche. Coupée en petits cubes on l'aurait prise pour une tendre guimauve. Elle portait une jolie robe bleue qui découvrait largement ce « creux dans la poitrine de Tante Becky », comme disait Gaylord en toute objectivité.

— Mais, c'est Oncle Ben ! s'écria-t-elle.

Jusqu'à présent, l'air de résignation accablée de la famille avait eu un effet déprimant sur Ben lui-même. Il avait paru légèrement dégonflé. Mais on eût dit maintenant qu'on le regonflait avec une pompe à pied. Ses joues étaient lisses et rondes, il bombait le torse ; il avait trois ou quatre centimètres de plus que quelques instants plus tôt. À son âge, on apprécie la présence d'une jolie petite nièce ; c'est la seule chance qu'on a d'embrasser quelque chose de moins de soixante-cinq ans.

— Becky ! s'écria-t-il, tendant les bras.

Elle traversa la pièce à petits pas et l'embrassa affectueusement. Il lui rendit la pareille. Ses manières pouvaient tout juste passer pour avunculaires.

— Comme c'est agréable de te voir, Oncle Ben ! dit Becky, frottant sa joue sur celle du vieillard. Et toi aussi Tante Bea, ajouta-t-elle avec l'enthousiasme plus limité qu'elle réservait à celles de son sexe.

Mais l'attention de Tante Bea était ailleurs.

— Voilà mon petit diable ! s'écria-t-elle avec un radieux sourire à l'adresse de Gaylord qui, entré par inadvertance, venait de se rendre compte qu'il était trop tard pour ressortir par inadvertance.

Il restait piqué sur le seuil, la mine chagrine.

— Par exemple, comme tu as grandi ! s'écria Tante Bea. Tu seras bientôt aussi grand qu'Oncle Ben.

Gaylord fit la moue.

— Tu n'embrasses pas ta vieille Tante ?

« Non, s'il peut trouver un moyen de s'en sortir, il ne l'embrassera pas », se dit Papa, et, à haute voix :

— Allons Gaylord, allons, un petit élan mondain !

Non pas qu'il s'en souciât vraiment ; mais Maman venait juste d'entrer, et il pensait qu'il valait mieux faire semblant.

Gaylord fut sauvé par la sonnerie du téléphone. Becky répondit. Elle tendit le récepteur à Rose :

— Pour toi, ma chérie. Un homme.

Rose papillonna à travers la pièce.

— Allô ! Rose ? Ici Bobs.

— Allô ! Bobs.

Rose avait l'impression de jouer la comédie sur une scène, tant il y avait de regards intéressés fixés sur elle.

— Je suis vraiment désolé, Rose, j'ai peur de ne pas pouvoir venir demain.

— Oh non ! Vraiment, vous ne pouvez pas ?

— Non, il y a un type qui s'est amené.

— Quel type ?

— Un type avec qui j'étais à l'école normale. Son scooter a eu une panne pas loin d'ici. On ne peut pas le lui réparer avant la fin des vacances. Alors il s'est rappelé mon existence, et il m'est tombé dessus. Il est en train d'étaler son sac de couchage dans ma chambre.

— Oh ! Bobs ! Je me faisais un tel plaisir de vous avoir ici !

— Désolé, ma vieille. J'ai bien peur d'avoir ce type sur les bras.

Il avait l'air diablement guilleret.

Alors elle eut une idée splendide :

— Bobs, amenez-le ! Nous serons très heureux de faire la connaissance de votre ami.

Elle écouta misérablement le silence. Peut-être le type au scooter n'existait-il pas ? Peut-être Bobs cherchait-il simplement une excuse pour ne pas venir ? Puis Bobs dit :

— En fait, ce n'est pas vraiment un ami. Il n'est pas du tout mon genre.

— Vous pourriez quand même l'amener.

— O.K. Mais il est plutôt lourdaud. Il ne parle que quand on lui adresse la parole.

— Ne vous en faites pas, dit-elle. Alors, entendu, vous venez ?

— Entendu ! dit-il. On se reverra sous l'arbre de Noël.

Et il raccrocha. Elle aussi. Tout le monde s'efforça d'avoir l'air de ne pas avoir écouté.

— M. Roberts amènera un ami, dit-elle calmement. J'espère que ça ne gênera personne ?

Il venait. Rien d'autre ne comptait.

— Et qui est M. Roberts ? demanda Bea, toutes les fibres de l'excellent tweed de son tailleur suant la malice.

— Le bon ami de Tante Rose, expliqua Gaylord.

— Rose, ma *chérie* ! Félicitations ! cria Tante Bea.

Elle avait l'air ravi, ce qui était agréable, et tout à fait étonnée, ce qui était déprimant.

— Bon ! Eh bien ! reprit-elle, et ce baiser que mon petit diable allait donner à sa vieille Tante ?

CHAPITRE V

Le lent après-midi finit par conduire à une paisible veillée de Noël. Les voix avaient toute la saveur de l'automne, le porto brillait d'un éclat rouge et doux, la bénédictine d'un éclat moelleux et ambré, la fumée des cigares se repliait sur elle-même comme du linge, le feu ronflait dans l'âtre : au bout d'un certain temps même les histoires d'Oncle Ben en vinrent à sembler modérément amusantes. Puis ce fut l'heure du coucher. Ils s'en allèrent un à un, chacun vers sa petite mort de toutes les nuits. Tous sauf Papa et Maman. Maman et Papa allèrent à la messe de minuit.

En revenant chez eux, à cette première heure du matin de Noël, ils restèrent silencieux, comme seuls savent l'être ceux qui sont très proches l'un de l'autre. Il faisait un temps typique de Noël : plus chaud qu'à Pâques, plus sec qu'à la Pentecôte. L'air était doux et tiède sur leurs visages. À l'ouest, une jeune lune traînait une blanche mousseline de nuées. Le ciel était tout embué d'étoiles. Ils retrouvèrent leur maison, la lumière tamisée, le feu mourant.

— Tu veux une tasse de thé ? demanda Maman.

Ils burent leur thé dans la demi-obscurité.

— On ne dirait pas qu'il y a un an, depuis la dernière fois.

— Non, dit Maman.

— Va te coucher. Je vais m'occuper du Noël de Gaylord.

Il reposa sa tasse.

Gaylord avait cessé depuis longtemps de croire au Père Noël. Il était très surpris de découvrir que Maman, apparemment, y croyait encore. Il n'était pas surpris que Papa y crût. Papa croyait tout ce qu'on lui disait, du moment que ça l'arrangeait. Mais que Maman, qui ne pouvait jamais accepter la moindre déclaration sans la passer au crible, que Maman acceptât sans hésitation une croyance si absurde était réellement stupéfiant.

Le bizarre était que, bien qu'on n'y crût plus, les cadeaux continuaient à arriver. Cela intriguait un peu Gaylord. Ce n'était pas le Père Noël. Ce n'étaient pas non plus les parents, puisqu'ils croyaient encore au Père Noël. Par élimination attentive, il arriva à la conclusion que ce devait être Grand-Papa ou le Bon Dieu. Et il ne chercha pas plus loin. Car, pour Gaylord, Grand-Papa et Dieu étaient en somme interchangeables. Ils étaient tous les deux vieux comme le monde, tous les deux quasi omnipotents, et il fallait se méfier de l'un comme de l'autre. Aussi accrocha-t-il sa taie d'oreiller, avec la certitude paisible qu'une créature humaine ou divine se chargerait de la combler.

Papa prit les cadeaux de Gaylord sur le dessus de la penderie et alla en remplir la taie d'oreiller. De Gaylord, aplati sur le ventre, s'échappait un sifflement aigu et continu, évocateur de l'aéroport de Londres. Papa regagna sa chambre.

— Je me demande s'il croit au Père Noël, dit-il.

— Gaylord ? Bien sûr que non. Plusieurs fois, faisant allusion au noble vieillard, j'ai vu qu'il se demandait s'il ne devait pas dissiper mes illusions. Il n'en a rien fait. Je crois qu'il a trouvé plus sage de nous maintenir dans l'ignorance.

— Pourquoi ?

— Je ne sais pas. Pour une raison beaucoup trop subtile pour nous, j'en suis sûre.

Elle était assise dans le lit, elle lui souriait, l'air un peu las. Il défit sa cravate, envoya promener ses pantoufles, remonta sa montre. Il se déshabillait à la va-comme-je-te-pousse. Il alla entrouvrir les rideaux et jeta un coup d'œil dehors.

— J'ai bien aimé la messe de minuit, dit-il.

— Moi aussi. Si tu ne te dépêches pas, il sera l'heure de te rhabiller pour le petit déjeuner, avant que tu aies fini de te déshabiller pour te coucher.

Mais il continuait toujours à regarder par la fenêtre.

— C'est étrange, tu ne trouves pas, dit-il, le vieil enchantement ? Ça continue à prendre. Pas toujours. Pas souvent. Mais parfois. Une fois sur dix, peut-être.

Il ouvrit la fenêtre et se pencha. Quelque part, dans le calme de la campagne ou dans son esprit, un cheval hennit, il entendit des lances romaines se heurter et les pleurs d'un petit enfant. C'était la nuit de Noël, en Angleterre ; les automobiles passaient à grand fracas sur l'autoroute ; on dansait à Berkeley Square. C'était la nuit de Noël à Bethléem ; l'étoile brillait bas dans le ciel, à l'orient, et l'on entendait vibrer une harpe parmi les étoiles. L'Enfant n'était encore qu'un enfant dans les bras de sa mère ; la Croix serait pour plus tard ; deux mille ans s'étaient évaporés et dissous dans la clarté des étoiles.

Il ferma la fenêtre.

— Ça a pris, cette année, dit-il, songeant qu'un jour il écrirait une pièce sur ce temps sombre de l'hiver ; il entendait déjà les cris des sentinelles, le tumulte de l'auberge, l'écho lointain du chant des anges résonnant dans les rues de la petite ville pierreuse, haut perchée sur le roc.

May dit :

— Ça résiste au temps. Ou bien il s'est produit là quelque chose d'essentiel à l'homme pour l'éternité. Ou alors l'homme a inventé quelque chose répondant à un besoin éternel. Tu vas attraper froid si tu ne viens pas te coucher.

— Autant d'hypothèses plausibles, dit Jocelyn.

« Seigneur, songea-t-il encore, quel mystère ! »

Il regardait toujours par la fenêtre. Mais il ne distinguait rien, dehors. Il ne voyait que le reflet charmant de la pièce, et son reflet à lui, et celui de May toujours assise dans le lit, et souriante. « Et il y a un autre mystère, pensa-t-il. Cette femme qui, il y a dix ans, était une complète étrangère pour moi, et qui est maintenant chair de ma chair. Cette chair qui est aussi esprit, et rire, et bonté et compréhension. Cet esprit qui est chair chaude et sensible. Cette épouse qui, comme toutes les bonnes épouses, est mère, amie, compagne et maîtresse. Ce don béni ! »

— Viens te coucher, dit-elle.

Il se retourna, lui adressa son sourire lent, inquiet. Puis il éteignit la lumière, se mit au lit et, de sa place, il apercevait les étoiles se pressant en foule contre la fenêtre et la traînée lumineuse, à l'endroit où la lune s'était perdue dans la brume.

À son réveil, Gaylord se rappela, avec des sentiments mélangés, que c'était Noël. Il avait l'impression qu'il devrait passer la journée entière à inventer des moyens d'éviter Grand-Tante Bea. Il n'avait jamais rencontré une femme aussi insatiable de baisers. Il en acceptait une ration normale comme une gêne mineure, comme la pluie ou la nécessité d'aller aux cabinets. Mais, avec Grand-Tante Bea, cela dépassait les bornes. On entrait dans une pièce, elle était là à vous guetter pour vous sauter dessus et vous étreindre tel un grand ours habillé de tweed. Et pourquoi fallait-il toujours qu'elle dise : « Bonjour mon petit diable » ? Il avait soigneusement médité une riposte : « Bonjour gros démon » ; il trouvait ça très astucieux, mais il savait trop que pour Maman ce serait seulement de l'impolitesse et de l'effronterie. Et quand Gaylord disait quelque chose que Maman déclarait impoli et effronté, immanquablement il se sentait plus bas que tout. C'était parfaitement illogique, bien entendu, et il s'en défendait ; mais il n'y pouvait rien. Simplement, il se sentait plus bas que tout.

En attendant, cependant, il y avait des sujets de réflexion plus agréables. Au pied de son lit, il y avait par exemple une des choses les plus excitantes jamais inventées par les filles d'Ève depuis la Chute : une taie d'oreiller pleine de cadeaux de Noël. Gaylord se leva, alla jusqu'à l'extrémité du lit et vida l'enveloppe sur l'édredon : une pomme, une orange, un sou neuf, une souris en sucre, et une douzaine de paquets.

Lequel était le presse-papiers ? Mordant alternativement dans la pomme et dans la souris en sucre, Gaylord médita. Impossible de deviner. Il commença par le commencement.

Un tambour. Prometteur. Battre le réveil au petit matin dans la chambre de Grand-Papa serait encore plus satisfaisant que d'ouvrir les rideaux.

Un Mécano. Gaylord était toujours légèrement sceptique au sujet du Mécano. Il semblait toujours manquer les pièces qui avaient permis de construire cette fameuse tour Eiffel avec la lumière au sommet.

Une trompette. De mieux en mieux. S'il arrivait à jouer de ça et du tambour en même temps, et à prendre quand même Grand-Papa par surprise, il arriverait peut-être à lui arracher un vrai « Bon Dieu de Bon Dieu. Va-t'en au diable ! » un de ces matins.

Un petit cheval de métal avec un buisson qui lui poussait sur la tête. Difficile de voir ce qu'on pourrait en faire. Rien pour le remonter. Quand on appuyait dessus, ça ne criait pas. Il essaya de le faire flotter dans la baignoire, mais l'animal coula comme une pierre. « Quel cadeau idiot ! pensa Gaylord. Tante Bea, sans aucun doute. »

Est-ce que le presse-papiers allait arriver ? Il ne restait plus beaucoup de paquets. Il commença à s'inquiéter. Il ne croyait pas que Dieu ou Grand-Papa pussent faire d'erreur ; mais savait-on jamais ? Fiévreusement, il déchira l'emballage des derniers paquets. Pas de presse-papiers.

Gaylord ne pleurait pas souvent, sauf par pure politique. Mais il se mit à pleurer. L'attente du moment où il aurait eu pour lui seul l'objet si beau, si brillant, l'avait plongé dans une merveilleuse surexcitation. Il ne pouvait supporter de découvrir que son imagination avait été trompée. Il se mit à pleurer sans retenue.

— Gaylord pleure, dit Maman, donnant un coup de coude. Va voir ce qui se passe.

— La barbe, dit Papa, émergeant. Joyeux Noël, ma chérie !

Il l'embrassa, roula hors du lit, enfila à la va-vite une robe de chambre et des pantoufles et gagna en chancelant la chambre de Gaylord. Il se rappela que c'était le jour de Noël et qu'on s'attendait à le trouver jovial et de bonne humeur durant les dix heures à venir.

Autant commencer tout de suite.

— Comment Gaylord ? Tu pleures… le matin de tes noces ? s'écria-t-il, éprouvant la nécessité d'être l'âme de cette petite fête à six heures du matin.

Gaylord renifla :

— C'est pas le matin de mes noces… (Son visage s'éclaira.) … Dis ? demanda-t-il plein d'espoir.

— Non, pas vraiment, dit Papa. Nous n'avons pas encore trouvé chaussure à ton pied. Pourquoi pleures-tu ?

— Il n'y a pas de presse-papiers, dit Gaylord.

— Mais si, voyons ! dit Papa, très sûr de lui.

Par tous les diables, il l'avait mis là lui-même.

— Où ça ? demanda Gaylord, renfrogné.

Papa commença à se battre avec les emballages, parmi lesquels Gaylord et lui enfonçaient jusqu'au genou. Il trouva le cerf.

— Et alors ? Qu'est-ce que c'est que ça ? demanda-t-il, triomphant.

— Je ne sais pas, dit Gaylord. C'est quoi ?

Papa soupira :

— Cette question est de pure rhétorique.

— C'est quoi, la rhétorique ?

— Peu importe, dit Papa. En tout cas c'est ton presse-papiers.

— C'est pas un presse-papiers, c'est un cheval avec un arbre sur la tête.

— Ça s'appelle un cerf.

— Tu as dit que c'était un presse-papiers.

Papa s'essuya les mains à son mouchoir.

— Il est tout mouillé, dit-il, surpris.

— J'ai voulu le faire flotter dans la baignoire. Il a coulé, dit Gaylord d'un ton accusateur.

— Naturellement, il a coulé !

« Seigneur ! pensa Papa, quelle conversation pour six heures du matin ! Noël, se rappela-t-il. Paix sur la terre. »

Il dit patiemment :

— Si tu voulais un truc à faire flotter dans ton bain, une des dernières choses à demander était un presse-papiers.

— Je ne voulais pas le faire flotter dans mon bain.

— Mais tu viens de me dire…

Gaylord était logique :

— Si on te donne un truc dont tu ne sais pas que faire, tu peux être sûr que ça flotte dans le bain.

— Sauf les presse-papiers, dit Papa.

— C'est pas un presse-papiers, dit Gaylord.

« Il est temps de mettre les choses au point », pensa Papa. Il avait froid, il était fatigué. Il s'assit sur le lit.

— C'est un presse-papiers en forme de cerf, et un cerf c'est le masculin d'une biche. Ces trucs qui lui poussent sur le front ne sont pas des arbres, ce sont ses andouillers.

Il avait le sentiment de faire son devoir.

Mais Gaylord se désintéressa de la question.

— Tu voudrais que je te joue du tambour ? demanda-t-il.

Il y eut un silence.

— Pas maintenant, dit Papa. Les autres dorment, ajouta-t-il, plein d'envie.

Rose fut éveillée par une très approximative sonnerie de trompette. « Noël, pensa-t-elle, non sans inquiétude, et Bobs qui vient avec son mystérieux ami. » Elle passerait sûrement la journée à essayer d'écarter Becky. Dure bataille en perspective, et elle avait si peu d'armes pour la livrer. Pour ce qui était de la beauté, inutile d'en parler, pensait-elle misérablement ; et elle savait qu'elle devenait piquante comme un hérisson chaque fois qu'elle était sur la défensive. « Il faut du calme, se dit-elle avec fermeté. Il ne faut pas que je me laisse entraîner à perdre mon sang-froid. »

« Noël », pensait Grand-Papa avec satisfaction. Ma foi, il avait toujours plaisir à manger, Dieu merci, et Noël était une période où l'on pouvait s'en donner à cœur joie tout en gardant bonne conscience. Et le vin ! Comment certaines personnes pouvaient-elles dénigrer le plus exquis des dons de Dieu, il ne le comprenait vraiment pas ; il avait l'impression que, à leur arrivée « de l'autre côté », ces gens n'auraient pas volé d'entendre quelques vérités premières sur l'ingratitude. La chère, le vin, le confort. Grand-Papa allait passer une bonne journée, à condition que cette femme, cette Bea, ne commence pas à embrigader tout le monde, sous prétexte de s'amuser.

« Noël », pensait Grand-Tante Marigold. Fameuse année que celle où ils avaient tous été patiner sur le lac. Quand ? En quatre-vingt-seize ? Ou en quatre-vingt-dix-huit ? Et tous ces autres Noëls, où il n'y avait pas beaucoup de charbon et encore moins à manger, et pas grand-chose à faire sauf de continuer à tricoter pour les soldats dans les tranchées et d'espérer que le gaz n'allait pas baisser dans la suspension pour prévenir de l'arrivée des zeppelins. Et pourtant, ils étaient heureux, ces austères Noëls d'autrefois, heureux à leur façon bizarre, rêveuse, de fin du monde ! Mais ce n'était pas la fin du monde. Il y avait eu, oh ! tant et tant de Noëls, depuis : Noëls doux, Noëls mouillés, Noëls gelés, Noëls neigeux. Mais tous heureux. Marigold les avait tous savourés à sa manière tranquille et réservée de petite souris, comme elle se préparait à savourer celui-ci.

« Noël », pensait Becky, et trois jeunes gens dans la maison. Elle s'étira voluptueusement, rentra ses griffes et ronronna.

Gaylord errait dans la cour de la ferme, décidé à faire la conversation avec le dindon Abdullah. Pas d'Abdullah. Il alla dans le paddock. Même chose. C'était sans précédent. Il entra dans la maison où presque toute la famille paraissait rassemblée autour d'un paisible verre de xérès.

— Je ne trouve Abdullah nulle part, dit-il.

Personne ne répondit.

— Où est Abdullah ? demanda-t-il.

— Dans le four, dit Grand-Papa avec un parfait manque de cœur.

Gaylord se sentit tout drôle. C'est désagréable, quand on est décidé à faire la conversation avec quelqu'un, d'apprendre qu'il est dans le four. Il dit :

— Oh ! doucement.

Rose dit :

— C'est cruel de dire une chose pareille, Père.

— Vraiment ? (Grand-Papa avait l'air surpris.) Seigneur Dieu !

— Il faut se rappeler que son esprit est encore terriblement vulnérable. Pas encore formé. C'est une proie facile pour tous les...

— Je suis désolé, marmonna Grand-Papa. Vraiment désolé. Pour rien au monde je ne voudrais...

— Je me demande s'il est déjà au ciel, dit Gaylord.

— Qui ?

— Abdullah.

— Les dindons ne vont pas au ciel, dit Papa.

— Où ça, alors ?

— Nulle part.

— Sauf dans le gosier de Gaylord, gloussa Tante Bea. (Gaylord trouva cela d'un goût exécrable.) Hein, petit diable ?

C'en était trop. « Vieux démon », dit Gaylord. Mais il se contenta de former les mots des lèvres, en se gardant de les prononcer à haute voix.

Tout de même, Maman lui lança un de ses regards. Rien ne lui échappait, à cette femme ! Le verre de xérès effleurait à peine ses lèvres. Elle l'abaissa.

— Qu'as-tu dit, Gaylord ?

— Rien, Maman.

Un soupçon d'indignation, mais pas trop. Ce n'est pas parce que vos lèvres ont bougé qu'on doit conclure que vous avez dit quelque chose.

Il y a des gens qui sautent trop facilement aux conclusions.

Maman continuait à le regarder. Puis elle porta le verre à ses lèvres. Elle avait l'habitude de fermer les yeux une seconde, quand elle buvait. Ce qu'elle fit. « Vieux démon », dit Gaylord, du bout des lèvres. Maman ouvrit les yeux et recommença à le regarder. Il la regarda aussi, serein comme un Chinois. « Tu as gagné, se dit Maman, mais n'exagère pas, mon p'tit. »

« Tu as gagné », pensait Rose avec amertume. Car Becky avait parfaitement organisé son affaire. Quand Bobs et son ami arrivèrent, elle se trouva exactement sous le gui.

— 'jour Becky, dit Bobs. Joyeux Noël !

— Joyeux Noël, Bobs !

Il regarda Becky, puis le gui, et s'avança. Becky, brusquement consciente de l'endroit où elle se tenait, fit mine de s'échapper. Trop tard. Il embrassa les lèvres chaudes, rouges, en plein rire.

— 'jour Rose, dit-il par-dessus l'épaule de Becky.

— Bonjour, dit Rose.

Il se dégagea, visiblement à regret. Rose aurait voulu aller prendre place sous le gui à son tour. Mais, à moins d'en expulser Becky en la plaquant aux jambes, impossible. Et maintenant Bobs en venait à des affaires plus sérieuses :

— Je vous présente Stan. Stan Grebbie... Rose... Becky.

— Ravi de faire votre connaissance, vraiment ravi, dit M. Grebbie, comme s'il le pensait réellement. (Il tint à leur serrer la main. Il avait une poignée de main molle et moite.) J'espère que je ne vous dérange pas ?

— Pas du tout, dit Becky. Tous les amis de Bobs...

« Elle veut dire : tout ce qui porte pantalon », pensa Rose. Mais elle savait que Becky devait être déçue ; il était peu probable que M. Grebbie fît son affaire. Il allait sur la quarantaine, et il faisait aussi grisaille que possible : cheveux gris, teint gris, costume gris, personnalité grise. Et c'était le premier homme qu'elle rencontrait qui semblât plus intéressé par elle que par Becky. De fait, il avait l'air prêt à prendre le galop si Becky faisait un pas dans sa direction. Mais à Rose il dit :

— Bobs m'apprend que vous enseignez aussi.

Elle sourit, à l'aise pour une fois.

— C'est un métier terrible, n'est-ce pas ?

Il lui rendit son sourire, un sourire lent, vaincu.

— Terrible.

Bobs dit :

— Il faut être ferme. Leur montrer qui est le patron. (Il fit étinceler ses dents au bénéfice de Becky.) Après, tout va très bien.

Grand-Papa entra en clopinant dans le hall :

— Par exemple, monsieur Robson ! Joyeux Noël !

Il lui serra vigoureusement la main, puis regarda Bobs avec inquiétude :

— Vous n'êtes pas forcé de filer tout de suite, hein ? Vous avez le temps de prendre un verre de xérès ?

— Je... je..., balbutia Bobs.

Mais Rose intervint :

— M. Roberts est venu passer la journée avec nous. Je te l'ai dit, Père.

Deux yeux jaunes tournèrent vers elle un regard venimeux.

— Jamais ! Personne ne m'a rien dit. Personne ne me dit jamais rien. Il se trouve que c'est ma maison, mais en ce qui me concerne, ça pourrait aussi bien être un hôtel à la manque. Les gens viennent, partent... (Il se tourna vers Bobs.) Ravi de vous avoir, bien entendu, mon garçon.

M. Grebbie s'était efforcé, non sans succès, de se fondre dans la pénombre du hall. Mais, terrifié, il découvrait soudain les yeux de Grand-Papa fixés sur lui.

— Pas la peine de bouder dans l'ombre, jeune homme, dit Grand-Papa, gentiment. Venez ici qu'on vous voie un peu.

M. Grebbie s'avança de quelques centimètres, en souriant nerveusement. Rose dit :

— Je te présente M. Grebbie, l'ami de Bobs dont le scooter est tombé en panne.

— J'imagine que j'étais au courant de ça aussi ? dit Grand-Papa, sarcastique.

— Oui.

Rose avait l'air agressif. Grand-Papa lui jeta un coup d'œil.

— Absurde. Après tout, je suppose que je suis un vieillard. Colle-moi au coin de l'âtre et ne m'avertis surtout de rien.

— Mais je te l'avais dit ! répéta Rose.

— Ma chère enfant, voudrais-tu suggérer par hasard que je suis gaga ? Peu importe ! Soyez le bienvenu dans la Maison de la Liberté, jeune homme. Vous êtes un des admirateurs de Becky, sans doute ? Plus on est de fous plus on rit.

Il prit le bras de Bobs et passa au salon. Becky les suivit, mais Rose sentit qu'on la tirait nerveusement par la manche. Elle se retourna et rencontra le regard angoissé et terrifié de M. Grebbie :

— Je... je crois que je ferais vraiment mieux de ne pas rester.

Rose le dévisagea. Et une chose étrange se produisit. Elle fut brusquement submergée par une grande vague de tendresse. Elle avait devant elle un être encore moins avenant qu'elle, encore moins bien équipé pour la lutte pour la vie. S'efforçant de le rassurer, elle lui parla avec une confiance et une sûreté auxquelles elle n'accédait que rarement.

— Mais si, bien entendu, vous restez, monsieur Grebbie ! En réalité mon père est le meilleur des hommes. Il serait vraiment désolé de penser qu'il a pu vous blesser.

Il paraissait toujours inquiet.

— J'ai peur de ne... de ne pas être à l'aise en société. Les gens comme votre sœur et votre père... ils sont absolument charmants, bien sûr... mais ils me font plutôt peur.

— Je m'occuperai de vous, dit-elle avec un sourire.

— Eh bien, si vous êtes vraiment sûre... J'ai horreur de me sentir indésirable, vous savez.

— Mais voyons, ce n'est absolument pas le cas, dit-elle. Venez. Allons-y, avant qu'ils aient bu tout le xérès.

Brusquement elle était pleine de vivacité, heureuse ; le poids qui l'accablait glissait de ses épaules. Son instinct maternel, enfoui sous le bric-à-brac des années, avait brusquement trouvé un exutoire et se frayait un chemin vers le soleil.

CHAPITRE VI

Gaylord était d'humeur chagrine. Il serait vraiment content quand Noël serait passé. D'abord, il y avait cette erreur de l'Administration, concernant le presse-papiers. Puis Grand-Tante Bea avait passé la matinée à le poursuivre comme une nymphe obèse. Ensuite, ils avaient mangé son ami Abdullah. Et Abdullah n'était même pas *bon*. Le menu favori de Gaylord consistait en *shepherd's pie* et gâteau de riz. Plus vite ils y reviendraient et finiraient de manger son ami, mieux ça vaudrait. Et tous ces bavardages ! Grand-Papa, le couteau à découper en suspens, s'adressait à Papa dans un murmure, mais Gaylord avait entendu.

— Est-ce que Gaylord en voudra ? Il a eu l'air contrarié...

Et Papa :

— Seigneur Dieu, bien sûr que oui ! Même si c'était Maman qu'on servait, bardée sur canapé, il ne broncherait pas.

Eh bien, c'était faux, tout simplement. Il ne fallait pas compter sur lui pour manger Maman. Il était prêt à parier qu'elle serait filandreuse. Et amère, qui plus est. Il avait l'impression que par moments Papa tenait des discours très injustes.

Malgré tout, ç'avait été le point de départ de toute une association d'idées nouvelles et assez charmantes.

— Pourquoi est-ce qu'on ne mange pas les gens ? demanda-t-il.

Grand-Papa, tout en débitant Abdullah, dit :

— C'est ce qu'on ferait probablement si on n'avait pas tant de moutons et de bétail. C'est la loi de l'offre et de la demande.

— Je ne sais pas si tu as raison, Père, dit Papa. Les gens qui ont goûté la chair humaine disent que ce n'est pas très appétissant. Plutôt caoutchouteux et fade.

Il vit avec terreur apparaître le pétillement redouté dans l'œil d'Oncle Ben.

— Sais-tu ce que le cannibale disait au missionnaire ? demanda Oncle Ben.

« Non, et je n'y tiens pas », pensa Papa. Il se hâta de poursuivre, histoire de calmer Oncle Ben !

— Mais j'imagine que cela vient de la façon de la préparer. Je doute que ces tribus primitives aient dépassé le stade du simple ragoût humain, servi froid dans des noix de coco évidées.

— Oh ! mon Dieu ! s'écria Maman.

Gaylord dit, se délectant :

— Je parie que les doigts, c'est affreusement mauvais.

— On ne mange pas les doigts, coupa Papa.

Grand-Papa dit :

— C'est probablement une des raisons pour lesquelles le cannibalisme n'a jamais vraiment pris. Il y a tant de morceaux absolument immangeables.

À la surprise générale, M. Grebbie fit remarquer :

— Le foie humain est parfaitement atroce.

— Vous avez essayé, hein ? demanda Grand-Papa, lui passant sa portion d'Abdullah.

— Ma foi non, dit M. Grebbie, troublé. J'ai... j'ai simplement lu cela quelque part.

Il retomba dans le silence, stupéfait de sa propre hardiesse.

— Quelqu'un, demanda Maman, a-t-il encore envie de son déjeuner de Noël ?

— Pas moi, répondit Becky. Qui a mis ça sur le tapis ?

Tout le monde se tourna vers Gaylord, qui enchaîna :

— Ça serait très bon en hachis. On pourrait mettre dedans tous les morceaux épouvantables, les doigts, les orteils, les oreilles...

— Ça suffit, dit Maman.

N'empêche que c'était une conversation intéressante, qui lui avait fourni matière abondante à réflexion. Mais maintenant le déjeuner était terminé ; tout le monde était ou bien assis, avec cette terrible expression figée que prennent les adultes après un repas, ou bien assoupi. Gaylord, instinctivement, sentait que ni son tambour ni sa trompette ne seraient particulièrement bienvenus. Il décida de se volatiliser.

Dehors, il tomba sur Willie.

— Allons voir ton trésor, dit-il.

Ils se mirent en route.

— T'as eu beaucoup de cadeaux ? demanda Willie.

Gaylord s'était rendu compte que les cadeaux de Noël, quelle qu'en fût la source spirituelle ou temporelle, étaient en rapport direct avec la fortune des parents. Aussi était-il peu probable que Willie en eût beaucoup. Avec une délicatesse naturelle, Gaylord dit :

— Pas beaucoup. Un cerf, simplement.

— Qu'est-ce que c'est ?

— Une espèce de cheval.

— Ça fait quoi ?

— Rien.

Willie réfléchit :

— Ça n'a pas l'air formidable.

Gaylord dit :

— Et toi, tu as eu quelque chose, Willie ?

Willie poursuivit son chemin, regardant droit devant lui. Il ne paraissait pas avoir entendu la question. Gaylord regretta de l'avoir posée.

Ils arrivèrent à la hutte. Le nid d'herbes et de feuilles était éparpillé sur le sol. La grille était vide. Le joli bibelot lumineux avait disparu.

Un long moment, Willie resta les bras pendants, immobile, l'œil fixe. Puis il se mit à quatre pattes, cherchant, grattant comme un animal, grognant, reniflant, sanglotant. Gaylord l'observait du seuil avec une horreur étrange, nauséeuse. Ce n'était pas juste. On n'aurait pas dû permettre qu'une chose pareille arrive à Willie, qui n'avait pas eu de cadeau de Noël et à qui il manquait une case. Gaylord en venait à se demander si Dieu était aussi efficace qu'on le prétendait généralement.

Willie se redressa. Il avait le nez qui coulait, les joues marbrées par les larmes, la bouche ouverte, toute molle. Sa voix était si brouillée que Gaylord eut du mal à le comprendre :

— Où qu'il est ? Qu'est-ce t'en as fait ?

Gaylord eut peur.

— Ce n'est pas moi ! Je ne l'ai pas pris, Willie.

— Où qu'il est ? répéta Willie.

Il vint brusquement à l'esprit de Gaylord que la distance entre eux avait beaucoup diminué. Il oublia son chagrin pour Willie et pensa exclusivement à son salut. Il fit demi-tour et partit en courant.

Mais Willie le poursuivait à lentes et lourdes enjambées, tout en haletant et sanglotant. Gaylord avait de plus en plus la sensation d'avoir des jambes liquides, avec de gros poids de plomb à la place des pieds. Il se rappelait ce qu'avait dit Willie. « Je te tuerai si… » Il essaya de se forcer à courir plus vite, mais il ne pouvait faire mieux. Puis une poigne brûlante et brutale enserra son poignet. On lui tordit le bras derrière le dos.

— Qu'est-ce t'en as fait ?

Et à chaque syllabe confuse, on lui tordait davantage le bras.

La douleur était incroyable. Elle lui traversait tout le corps comme un feu dévorant, elle emplissait le monde entier. Il n'y avait rien maintenant, rien au ciel ni sur terre, ni Maman ni Papa, ni soleil ni lune, ni Dieu ni anges, ni vie ni mort. Rien que ce foyer de douleur, dans lequel il se consumait et se tordait comme du papier sec.

— Ce n'est pas moi, cria-t-il, ce n'est pas moi !

Willie le lâcha. Il avait cessé de pleurer, maintenant. Il était accroupi, il promenait sur la campagne un regard de complet désespoir. Pour Gaylord, le ciel et la terre revenaient lentement. La souffrance était toujours là, accourant par grandes vagues, mais le reflux s'amorçait. La souffrance n'emplissait plus le monde entier. C'était le moment de prendre la fuite. Gaylord pourtant ne bougea pas. Il avait beau avoir le bras pendant, inerte, être sûr qu'il ne pourrait plus jamais s'en servir ; il avait beau être encore sous le choc de ce qu'il venait d'apprendre sur la nature de la douleur, il ne pouvait pas prendre la fuite et laisser Willie seul dans le crépuscule d'hiver. Il restait là, planté sur ses jambes robustes, écartées largement, et se tenant l'épaule d'une main.

— Qui d'autre était au courant, Willie ? demanda-t-il.

Le regard de Willie se perdait dans le vide.

— Tu as dû le montrer à quelqu'un, dit Gaylord.

— Pourquoi qu'il a fallu que ce soit toi qui le prennes ? balbutia Willie.

— Je ne l'ai pas pris. Quelqu'un d'autre devait être au courant.

— Je tuerai celui qui l'a fait, dit Willie, les yeux vides, le regard lointain.

Il était absolument immobile. Seuls ses doigts s'agitaient, se crispant comme s'ils entouraient déjà le cou de sa victime.

— Si c'est toi, je te tuerai.

— Mais ce n'est pas moi, dit Gaylord.

— Je le dirai aux gars, dit Willie.

Gaylord se sentit un vide au creux de l'estomac. Willie avait une demi-douzaine de frères, tous, sans exception, cruels, méchants, impitoyables. Ils ne lèveraient pas le petit doigt pour venir en aide à Willie, mais ils sauteraient sur n'importe quelle excuse, celle qui s'offrait là par exemple, pour persécuter quelqu'un de plus faible que leur bande. Gaylord, avec l'instinct de l'enfant, le devinait et il avait peur. Si Willie en parlait à ses frères, alors Gaylord savait qu'il se trouverait vraiment dans une situation terrible.

Mais c'était l'avenir. Pour le moment il dit :

— Il faut que je parte, Willie.

Il s'éloigna d'un pas. Willie se roula sur le sol, essaya de l'attraper par la cheville, le rata. Gaylord se mit à courir. Au bout d'un instant, il regarda derrière lui. Willie était couché dans la poussière. Il ne faisait pas assez clair pour voir s'il pleurait.

Maintenant son bras était raide et il éprouvait encore des élancements aigus. Mais il pouvait s'en servir. Il se sentait aussi un peu écœuré et étourdi, et pas tellement sûr qu'on ne lui poserait pas de questions. Aussi ouvrit-il très doucement la porte de la cuisine. Personne dans les parages. Il atteignit le pied de l'escalier, ni vu ni entendu. Sur la pointe des pieds, il monta jusqu'à la chambre et commença à jouer de la trompette. Il s'y prit avec infiniment d'astuce. D'abord, quelques petits airs prudents, bien espacés. Le genre de chose que les gens, en bas, n'entendraient qu'inconsciemment. Puis un peu plus fort. Puis un grand son continu, qui ne pourrait laisser aucun doute à personne sur l'endroit où se trouvait Gaylord. « Il a joué de sa sacrée trompette tout l'après-midi », dirait Grand-Papa. Tante Bea l'appuierait : « C'est vrai, Dieu le bénisse. » Et la victime aurait établi un alibi très satisfaisant.

Mais la victime avait compté sans Maman.

— Il a joué de sa sacrée trompette tout l'après-midi, dit Grand-Papa.

— C'est vrai, Dieu le bénisse, dit Tante Bea.

Mais Maman dit :

— Gaylord mijote quelque chose. J'en ai l'intuition.

Elle monta au pas de charge jusqu'à la chambre de Gaylord et ouvrit brusquement la porte.

L'effort qu'il avait fait pour souffler avec cette vigueur, s'ajoutant à sa récente épreuve, commençait à être trop pour Gaylord. Il avait les genoux faibles, il transpirait, la pièce tournait doucement autour de lui. Au-dessus de ses joues gonflées ses yeux étaient pleins d'angoisse. Maman s'enquit :

— Qu'as-tu, Gaylord ?

Il secoua la tête, continuant à souffler, bien que l'effort menaçât d'être mortel.

— Gaylord, finis ce bruit ridicule et écoute-moi.

Il abaissa la trompette et la regarda. Sa lèvre inférieure se mit à trembler.

Elle ne l'avait jamais vu aussi désarmé. Elle avança sans un mot, s'assit sur le lit, le prit dans ses bras. Un moment il résista. Puis la tête brune se nicha contre la poitrine maternelle. Elle le tint ainsi un long moment, attendant les larmes. Mais elles ne jaillirent pas ; rien que de longs, de terribles frissons qui la mettaient au supplice. La dernière lumière du jour quitta la chambre. Maman lui effleura les cheveux des lèvres.

— Qu'est-ce qu'il y a ? murmura-t-elle.

Il garda le silence.

— Qu'est-ce qu'il y a ? répéta-t-elle.

— Rien, dit-il.

La peur qu'elle avait pour l'enfant durcit sa voix :

— Gaylord, il faut me dire.

— Rien, dit-il, s'éloignant d'elle.

— Très bien, répondit-elle doucement, nous parlerons de ça plus tard, quand tu te sentiras mieux.

Il garda le silence.

— Maintenant, veux-tu te coucher avec une bonne bouillotte ? dit-elle d'un ton cajoleur.

— C'est Noël ! protesta-t-il avec indignation.

— Très juste. (Elle hésita.) Mais dis-moi quelque chose. Tu as mal ?

— Mal ? (Il la regardait comme s'il ne comprenait pas.)

— Oui, mal, dit-elle avec une brusque bouffée de colère.

— Non, merci, Maman, affirma-t-il avec douceur.

Elle le regarda. Il y avait tant de questions qu'elle voulait poser. Au lieu de quoi, elle se contenta de dire raisonnablement :

— C'est bien, je m'en vais. Descends quand tu seras prêt.

Elle s'arrêta sur le seuil.

— Tu es sûr que tu n'as rien à me dire ?

Il faisait trop sombre pour qu'elle pût distinguer le visage de l'enfant. Mais il ne broncha pas. Elle alla trouver Papa. Elle ne voulait pas l'inquiéter et elle eut recours à l'allusion littéraire, sur le mode badin :

— Gaylord est comme le chevalier de la Belle Dame sans merci, légèrement hagard et affligé.

Papa dit :

— Je crois que la Belle Dame l'aurait trouvé un peu jeune. C'est plutôt une indigestion.

Elle ne put continuer sur le même ton.

— Je me fais du souci, Jocelyn. Il avait une mine épouvantable. Assis dans la pénombre, à souffler dans cette trompette comme si sa vie en dépendait. Ça... ça m'a fendu le cœur.

— Et il n'a pas dit ce qu'il avait ?

— Lui ? Tu connais Gaylord. Il est de la race dont on fait les martyrs.

— Je devrais peut-être lui dire un mot ?

Elle secoua la tête :

— Non. Laisse-le tranquille. Il a des ennuis et il veut s'en tirer tout seul. Il a du cran, ce gosse.

Il prit un air soucieux.

— Tu crois qu'il faut le laisser faire ?

— Je ne crois pas que nous ayons le choix. Il ne parlera pas, pour l'instant. Une chose est sûre : il est sorti. C'est justement ce qui me tourmente.

— Tu veux dire... ?

— Willie, oui.

CHAPITRE VII

Dans toute l'Angleterre, Noël se poursuivait. La nuit tomba, on tira les rideaux, on chargea les feux, on coupa le gâteau. Une nation de gens peu sociables s'efforçait, avec l'entêtement propre à la race, d'être sociable. Des parents qui ne pouvaient pas se voir en peinture trois cent soixante-quatre jours par an tiraient ensemble sur des pétards à franges de papier, se plantaient sur la tête des coiffures de cotillon, échangeaient avidement des histoires de maladies et d'opérations.

Aux Cyprès chacun attendait avec anxiété le moment fatidique où Tante Bea proposerait des jeux de société. Becky et Peter se tenaient par la main. Bobs et Grand-Tante Marigold parlaient de rugby, sujet sur lequel la vieille dame était extraordinairement bien informée. Oncle Ben et Grand-Papa somnolaient ; Papa aussi, à se fier aux apparences (mais, comme il l'expliquait souvent, son cerveau ne travaillait jamais tant que lorsqu'il semblait à moitié endormi). M. Grebbie guettait Grand-Papa comme un facteur surveille un chien qui a les yeux mi-clos, et, de temps à autre, adressait à Rose un sourire timide et reconnaissant. Rose pensait que Bobs était vraiment beau, que la journée passait et qu'ils n'avaient pas encore été seuls un instant. « Pourquoi est-il venu ? se demandait-elle. Par politesse ? Non », pensait-elle tristement. Bobs n'était pas quelqu'un à sacrifier une journée par politesse. Pour Becky, alors ? Pour ramasser les miettes de Peter ? Cela ne paraissait pas très vraisemblable non plus. Certainement pas pour parler de rugby avec Grand-Tante Marigold. Non. Ce devait être pour elle, Rose, après tout. Simplement, il avait une manière bizarre de montrer son affection. Mais elle n'était pas complètement convaincue.

Gaylord était vautré sur les genoux de sa mère, qui lui lisait *Winnie the Pooh* en latin. Il ne pouvait pas sentir l'original anglais, mais il trouvait les syllabes latines étrangement satisfaisantes dans leur sonorité. *Vita nubeculae est fons superbiae*, lisait Maman.

Grand-Papa s'agita :

— On dirait du latin, bredouilla-t-il.

— *C'est* du latin, dit Maman.

Grand-Papa se souleva sur son siège et dévisagea Maman d'un œil vengeur :

— Il n'y comprend rien, je suppose ? aboya-t-il.

— Pas un mot, dit Maman.

— Alors, au nom du Ciel, pourquoi lui lire ça ?

— Il ne peut pas supporter l'original anglais, dit Maman.

Grand-Papa médita. Il lui semblait qu'il devait y avoir une réponse. Il y en avait une. Il la découvrit.

— On ne pourrait pas trouver un livre qui lui plaise ? Au moins, on pourrait le lui lire en anglais, expliqua-t-il.

— Dieu sait que j'ai essayé ! soupira Maman.

Grand-Papa renâcla. Malheureusement, il avait déclenché quelque chose. Tante Bea dit :

— Ah ! tu es réveillé finalement, John ? Voyons. Qui veut jouer aux petits papiers ?

Papa s'enfonça plus profondément dans son fauteuil. Stan Grebbie parut terrifié. Oncle Ben se redressa tout heureux sur son siège :

— Très juste. On joue toujours aux petits papiers à Noël.

— Pourquoi ? demanda Papa, se rendant compte qu'il n'y couperait pas.

Tante Bea distribuait déjà crayons et papiers, tirés de son sac, sans tenir compte des refus.

— Crayon, Jocelyn ?

— Je me servirai de mon stylo, merci, répondit Papa, d'un ton supérieur, en sortant son beau stylo de cent cinquante francs.

S'il fallait souffrir, au moins que ce fût aussi élégamment que possible.

— Est-ce que je ne pourrais pas poser mon papier sur quelque chose ? demanda-t-il en agitant la feuille d'un air impuissant.

Tante Bea retira *Winnie the Pooh* à Maman et le donna à Papa.

— Ça m'étonne que tu n'insistes pas pour te servir de ta machine à écrire, dit-elle.

Elle trouvait Papa vraiment sans énergie.

— Merci, dit Papa, du ton d'un grand vizir recevant un arc du sultan.

Le rite sinistre commença. Grand-Papa rencontra Brigitte Bardot au Supermarché, Bobs rencontra la Mère supérieure aux Folies-Bergère, et M. Grebbie, pour sa plus grande confusion, rencontra la Pompadour sur l'esplanade d'Aldermaston. Vint enfin le moment où Tante Bea elle-même en eut assez.

— Qu'est-ce qu'on fait maintenant ? demanda-t-elle.

— On dîne, répliqua Jocelyn immédiatement.

— C'est trop tôt, dit Tante Bea. On n'a joué qu'à un jeu.

Becky fit une tentative sans conviction pour tirer sa jupe sur ses genoux charmants :

— Jouons au facteur.

— Oh, quel âge as-tu ? protesta Rose.

Mais Oncle Ben dit :

— Le facteur ? Il y a des années que je n'y ai pas joué.

Et il se frotta les mains avec jubilation et promena son regard sur les jeunes charmes si sympathiques de Becky.

— Qu'est-ce que c'est, le facteur ? demanda Gaylord.

Tante Bea dit :

— Quelqu'un sort. Chacun choisit un nombre, et la personne qui est sortie appelle un nombre, et celle qui a choisi ce nombre doit sortir.

— Et alors ?

— On s'embrasse.

« J'aurais dû m'en douter, pensa Gaylord. C'est une vraie obsession ! » Il les avait regardés jouer aux petits papiers avec stupeur et incrédulité ; à ses yeux, ils avaient atteint là le point le plus bas qu'on pût imaginer de l'imbécillité adulte. Il se rendait compte maintenant qu'il n'avait pas encore sondé toute la profondeur du gouffre. Il était rare que le comportement des adultes ne fût pas pour lui une source de surprise et de tristesse. Mais il commençait à comprendre que, jusqu'à ce soir, il n'avait eu qu'à demi conscience de la vérité.

— Je sors la première, dit Becky.

— Je l'aurais parié, dit Rose.

Becky sortit et appela le numéro de Gaylord.

Il gagna le hall. Tante Becky souriait sous le gui. Quand elle vit de qui il s'agissait, elle se mit à genoux et tendit les bras. Gaylord s'y précipita et ce fut un réconfort pour son corps et son âme meurtries. Becky ne souriait plus. Elle le dévisagea avec attention et posa un baiser sur ses jeunes lèvres douces.

— Qu'y a-t-il, fils ? murmura-t-elle.

Il secoua la tête et se cramponna à elle, avec une prémonition de la paix qu'offre, à l'homme battu par la tempête, le havre d'un corps féminin, doux et parfumé. Elle se redressa, pressant un instant la tête de l'enfant contre le tissu lisse de sa robe, puis elle dit :

— Quel numéro veux-tu ?

— Sept.

Becky lui adressa un petit sourire amical et regagna la pièce. Au bout d'un moment, Tante Rose arriva dans le hall.

Tante Rose n'était pas d'humeur à s'occuper de Gaylord.

— C'est toi, Gaylord ? dit-elle. Tu veux m'embrasser ?

— Je n'y tiens pas, dit Gaylord.

— C'est réciproque, tu sais.

— Qu'est-ce que ça veut dire : réciproque ?

— Ça veut dire : « Au diable ce jeu stupide ! »

— Ah ! bon, dit Gaylord. Tu veux que je leur dise un nombre ?

— Je suppose que tu ferais aussi bien, dit Rose d'un ton désabusé. Cinq.

Gaylord s'éloigna. Rose attendit. La porte s'ouvrit. Stan Grebbie se faufila furtivement dans le hall, l'air aussi terrifié qu'une mariée victorienne le soir de ses noces. « Oh ! c'est monstrueux », pensa Rose. Deux adultes contraints à une situation extrêmement embarrassante, simplement parce que c'est Noël et quc Bea et Becky veulent jouer à des jeux idiots. Elle dit :

— Ne vous inquiétez pas, monsieur Grebbie. Nous ne... nous ne sommes pas obligés d'aller jusqu'au bout, vous savez.

Il eut de nouveau ce sourire lent et pathétique :

— Vous êtes très compréhensive, mademoiselle Pentecost. Ce n'est pas faute de galanterie, naturellement ; mais nous sommes... je suis, moi, un peu vieux pour ce genre de choses, vous ne croyez pas ?

— Pauvre monsieur Grebbie, dit-elle. J'ai peur que vous ne passiez un jour de Noël bien éprouvant pour les nerfs.

Elle se mit à rire gaiement. C'était étrange comme l'assurance lui venait au contact de la timidité de cet homme.

— Mais je passe un Noël très agréable, dit-il. Et je vous remercie de votre gentillesse. Vous avez été… un monument d'énergie.

— Moi ? (Rose rit encore.) Mais voyons, je suis la personne la plus négative qui soit !

— Je n'en crois rien, dit-il. Je pense que vous êtes… quelqu'un de très bien.

Le rouge monta aux joues blêmes de Rose. Elle parut plus grande, plus droite.

— C'est le compliment le plus aimable qu'on m'ait jamais fait, dit-elle doucement.

— Mais c'est la vérité.

Il alla à la porte et resta là, à tortiller la poignée. Plusieurs fois il ouvrit la bouche pour parler. Les mots ne parvenaient pas à sortir.

— Qu'y a-t-il, monsieur Grebbie ?

Il regarda le sol.

— Pourrais-je… pourrais-je vous embrasser, après tout, mademoiselle Pentecost ?

Elle se tenait là, immobile. Elle tendit les mains, paumes offertes, en un petit geste amical. Il s'approcha d'elle et l'embrassa très correctement sur les lèvres.

— Merci, dit-il.

Il lui ouvrit la porte pour qu'elle pût gagner la pièce voisine.

Papa embrassa Maman. Ils sourirent.

— C'est toujours un plaisir, dit-elle, même au bout de tant d'années.

— Vrai ? Moi qui pensais : Pauvre vieille Maman, voilà qu'elle tire mon numéro ! Ça ne change pas pour elle !

— Je n'ai pas envie de changer. C'est amusant, ce jeu. On a l'impression que c'est immoral d'embrasser son propre mari.

Plus tard, groupés autour du piano, ils chantèrent des chansons, des chansons heureuses, des noëls, des chansons sentimentales stupides, des chansons absurdes ; de tristes chansons écossaises pleines de brumes et de massacres, de torrents et de montagnes, d'amours malheureuses et de bruyère.

Puis brusquement la journée se trouva terminée. Tout le monde était heureux, insouciant comme il arrive rarement qu'on le soit, et en général cela ne dure pas longtemps. Le vin y contribuait peut-être ; peut-être aussi les chansons, tout imprégnées de nostalgie ; peut-être même les jeux stupides de Tante Bea. Et ils sortirent tous, les jeunes bras-dessus bras-dessous, dans l'air doux de la nuit, pour assister au départ des visiteurs. Rose elle-même avait le fou rire, et M. Grebbie alla jusqu'à tenir sa main droite pendant que Bobs s'accrochait à sa main gauche.

— Monte, Grebbie, dit Bobs.

À regret, Stan lâcha la main, prit place dans la voiture. Il se pencha à la portière :

— Au revoir, Rose. Merci beaucoup.

— Au revoir, dit-elle distraitement ; et se tournant vers Bobs qui lui tenait toujours la main : Au revoir, Bobs.

— À bientôt Rose, dit-il, l'attirant à lui. Soyez sage, jusqu'à la prochaine fois.

Elle eut un petit rire heureux et se laissa embrasser devant tout le monde. Un court instant, tout parut simple et facile, sans complication. Toute la tension et les questions et les inhibitions furent balayées : elle tenait son bien-aimé, légèrement, gaiement, comme elle ne l'avait jamais fait auparavant, comme elle ne réussirait plus jamais peut-être à le faire.

CHAPITRE VIII

Déjà Noël s'enfonçait à toute vitesse dans le passé, comme un train illuminé englouti par la nuit. Il ne restait plus que le désert des derniers jours de l'année, le moment où toutes les tâches pénibles et désagréables qu'on avait si joyeusement remises après Noël commençaient à relever leurs vilaines têtes ; où, sur l'agenda, le jour suivant fut en janvier, et où, à la sortie du long tunnel de l'hiver, s'ouvraient, pour toute perspective, les promesses mensongères du printemps et la mauvaise humeur d'un été anglais.

Le soir du réveillon du jour de l'an arriva. S'il était un jour de l'année que Papa détestait et craignait entre tous, c'était celui-là. Se sentir au bord de toute une année nouvelle et s'efforcer de scruter à l'avance les ennuis et les angoisses qu'elle réserve, c'était presque plus qu'il n'en pouvait supporter — pis que de se pencher rétrospectivement sur les indécisions, les faiblesses, les compromis de l'année qui expirait.

L'année qui expirait… Seigneur, quelle phrase mélancolique ! L'année allait expirer, et un petit morceau de lui avec elle. Et pas seulement de lui, mais de Maman, de Gaylord, et de la génération précédente ; de la beauté de Becky, de ce qui restait de jeunesse à Rose… tout expirait un peu. « Que les cloches sonnent pour l'année qui passe, mais qu'elles ne sonnent pas pour saluer le nouvel an encore mal dégrossi et froid, avant que j'aie puisé des forces dans un autre verre de porto. » Car Papa, qui d'ordinaire n'aimait pas boire, buvait toujours une demi-bouteille de porto la veille du jour de l'an. Ça éloignait les fantômes et les brouillards, les brouillards qui accompagnent la rosée.

Cette année, il avait un autre sujet de méditation. Le jour même, Maman avait dit :

— Chéri, il se pourrait bien que j'attende un autre enfant.

— Oh non ! s'était-il écrié. Pas un second Gaylord !

Elle lui avait répondu, avec un sourire amusé :

— Ça n'a pas l'air de t'enthousiasmer follement. Avoue que tu préférerais infiniment mettre au monde un personnage de fiction.

— Les personnages de fiction ne pleurent pas la nuit, avait-il dit.

Il était presque minuit. Tous les autres étaient couchés. Papa, assis parmi les reflets du feu, fumait un cigare et regardait danser les flammes à travers le vin rouge. « Quelle chose délicieuse qu'un verre de porto ! » pensait-il. Cela tient de la rose, par la forme et la couleur et, quand on l'observe à la lueur du feu, cela a même un peu de la vie d'une rose. Mais c'est plus qu'une rose ; car on ne peut boire une fleur pour y puiser courage et réconfort, détente et satisfaction d'un instant. Mais on peut boire dans un verre.

Ce qu'il fit, l'emplissant de nouveau.

La porte s'ouvrit. Gaylord entra.

— J'ai fait un vilain rêve.

— Moi aussi, dit Papa.

— Dans le mien, il y avait des lions et des tigres. Et dans le tien ?

— Rien que l'avenir et le passé.

— Je parie que ce n'était pas aussi terrible que mes lions et mes tigres.

— Peut-être pas. Mais ce n'était vraiment pas agréable.

Gaylord s'installa confortablement dans le fauteuil en face de son père, les mains dans les poches de sa robe de chambre, les jambes allongées et largement écartées. C'était l'attitude d'un adulte, en face d'un autre adulte. L'attitude d'un étudiant en train de discourir, d'un homme d'âge mûr à son club, d'un très vieil homme fatigué. Papa, le regardant, discernait pour la première fois l'adulte derrière le petit garçon. Encore quelques années et Gaylord s'intéresserait aux femmes, entrerait en compétition avec d'autres hommes, boirait son porto, et se tourmenterait en se demandant ce qu'il allait faire de Maman et de Papa, maintenant qu'ils descendaient tous deux la pente.

Les yeux de Gaylord étaient brillants et attentifs ; mais l'heure tardive leur donnait une expression de sagesse et de compréhension qui ne pouvait qu'être trompeuse chez un enfant. Pourtant, regardant ce fils grave, adulte, solide, Papa eut l'impression de connaître là un de ces rares moments d'amitié et d'amour où, pour une fois, les barrières tombent peut-être. Il dit :

— Écoute, mon vieux. Ta mère se fait un souci terrible à cause de toi. Qu'est-ce qui t'est arrivé, le jour de Noël ?

Ce n'était pas souvent que Papa appelait Gaylord « mon vieux ». Mais quand il le faisait, il se passait des choses dans le cerveau de Gaylord. Une sonnette d'alarme se déclenchait et tous les signaux se mettaient au rouge. Le pauvre Papa n'avait pas une chance de réussir.

— Rien, dit Gaylord en regardant Papa bien en face, de ses yeux noirs, honnêtes et sérieux entre leurs longs cils.

— Je pensais simplement que tu aurais peut-être envie de m'en parler.

— J'ai été me promener. Puis je suis revenu à la maison.

— Je vois, dit Papa, le regard perdu dans les flammes. Tu es allé te promener et puis tu es revenu à la maison. (Il soupira.)

— Et voilà, dit Gaylord.

Il regarda son père. Ce n'était pas souvent, pensa-t-il, qu'on pouvait poser une question à Papa sans s'attirer une réponse stupide. Mais ce soir, il lui semblait que les barrières avaient dû tomber.

— C'est pour quand, l'autre Gaylord ? demanda-t-il.

— L'autre quoi ?

Papa eut l'air stupéfait. Après une demi-bouteille de porto, il ne savait plus très bien quelles étaient les questions qui avaient un sens et celles qui n'en avaient pas, mais il avait l'impression que celle-là n'en avait aucun.

— L'autre Gaylord. Tu as dit à Maman : « Pas un second Gaylord. »

— Tu n'étais pas censé entendre.

Gaylord eut l'air content de lui.

Papa dit :

— Maman attend un autre enfant.

Gaylord avait eu peur que ce ne fût là l'explication. Il se sentit vexé. Quand même, dans une affaire qui le touchait de si près, on aurait pu au moins le consulter.

— Est-ce que je serai forcé de jouer avec lui, dis ?

— Tu en auras probablement envie, dit Papa, sans beaucoup de conviction.

Il n'avait pas le fétichisme de la fécondité. La notion de bébés évoquait plutôt pour lui les couches et le biberon de six heures que la renaissance de l'élan vital... et béni-celui-dont-le-carquois-est-plein.

Les yeux de Gaylord se fermèrent à demi. Dans un élan d'optimisme, Papa pensa qu'il s'endormait. Mais les yeux de Gaylord se rouvrirent tout grands au même instant, et il dit :

— Où se procure-t-on les bébés ?

« Seigneur, pensa Papa, cette fois ça y est ! » Il avait toujours espéré que, lorsque surviendrait cet instant, Maman serait là pour fournir la réponse. Mais elle n'était pas là, tandis que lui... Et à minuit et demi, après un océan de porto !

Mais Maman avait toujours dit qu'il fallait répondre aux questions, sans peur ni détours. Aussi dit-il, sans peur ni détours :

— Les mamans les fabriquent dans leur corps.

Gaylord éclata d'un rire joyeux.

— Oh ! Papa, ce que tu es drôle ! s'écria-t-il admirativement.

Papa dit :

— Je ne fais rien pour ça. C'est la vérité.

Gaylord se tordait toujours de rire dans son fauteuil. Il y avait longtemps que Jocelyn n'avait eu autant de succès avec une plaisanterie. Le seul ennui, c'était qu'il n'avait pas voulu être drôle. Il dit :

— Un bébé, c'est comme un gland. Ça pousse dans le corps de sa mère pendant neuf mois, en devenant plus gros et plus fort. Puis ça naît et ça commence à mener une existence séparée.

Gaylord s'était calmé. Il avait l'air pensif, maintenant.

— Papa…

— Oui, Gaylord ? dit Papa, se préparant au choc.

« À présent, il va me demander ce qui met le processus en marche », pensa-t-il. C'était le bouquet ! Il essaya de se souvenir comment les manuels d'éducation sexuelle expliquaient la chose.

Le front de Gaylord se plissa.

— Papa, comment le monsieur a-t-il pu donner à la dame un poirier avec une perdrix dedans, pour Noël ?

Papa cria :

— Enfin, Gaylord, nom d'un chien ! oui ou non, est-ce que tu veux que je t'apprenne les réalités de la vie ?

Il était exaspéré. Dans son enfance c'était un sujet pour lequel il avait éprouvé une insatiable curiosité. Or, tout ce qu'on lui avait offert, c'étaient les cigognes et les choux. Et Gaylord, lui, quand on lui servait la réalité sur un plateau, sans peur ni détours, s'en désintéressait ! Oui, tonnerre, s'en désintéressait !

Gaylord dit :

— Papa, tu ne m'écoutes pas. Ce n'est pas possible, dis ? S'il lui avait apporté l'arbre avec l'oiseau, chez elle, la perdrix se serait envolée, non ?

— Je ne crois pas qu'il faille prendre ça à la lettre, dit Papa.

Il commençait à s'intéresser à la discussion.

— Et pourtant je dois reconnaître que je n'avais jamais rapproché ça du symbolisme.

— Oh ! dit Gaylord. (Il réfléchit.) Je suppose qu'il aurait pu attacher l'oiseau à une branche, ou un truc comme ça ? (Il se leva, regardant son père, les yeux écarquillés.) Mais ça serait cruel, tu ne crois pas ?

— Oui, dit Papa. Tu vas te coucher ?

— ’soir, dit Gaylord. C’est déjà l’année prochaine ?

— Oui.

Le puriste qu’était Papa aurait voulu expliquer qu’on ne pouvait jamais être dans l’année prochaine. Mais il était trop fatigué.

— Je parie qu’il y aura des tapées de gens qui mourront cette année, dit Gaylord.

— Pourquoi, au nom du Ciel ?

— Il y en a toujours, dit Gaylord. Des millions.

— Qu’est-ce que tu faisais ? dit Maman, se blottissant contre lui.

— J’ai bu, avec application ; puis j’ai jeté un coup d’œil sur l’avenir, avec Gaylord.

— Qu’est-ce que tu as vu ?

— Moi, absolument rien. Mais Gaylord est d’avis que des tapées de gens mourront cette année. Il dit que c’est toujours comme ça.

— Que diable faisait-il, debout ?

— Il se remettait d’un mauvais rêve. Oh !… et je lui ai aussi appris les réalités de la vie.

— Seigneur Dieu ! Comment a-t-il réagi ?

— Comme un bossu. Il a trouvé que c’était ce qu’il avait entendu de plus drôle depuis longtemps.

— Qui sait ? Il a peut-être raison, dit Maman.

Si Papa détestait et redoutait le réveillon du jour de l'an, il y avait trois jours dans l'année que Rose détestait et redoutait : les premiers jours des trois trimestres de classe.

Éveillée bien avant l'aube, elle restait au lit, recroquevillée, les genoux au menton dans l'obscurité chaude, consciente du fait que c'étaient ses dernières minutes de paix. Une fois que la vie renaîtrait, dans un bruit strident, elle aurait à faire face au terrible combat qu'elle devait se livrer à elle-même pour entamer un nouveau trimestre. Chaque fois, elle pensait qu'elle n'y parviendrait pas. Chaque fois, elle y arrivait. Le courage qu'elle déployait eût arraché des larmes aux anges. Mais c'est un cas fréquent. Les gens comme Rose affrontent le peloton d'exécution tous les matins des jours ouvrables.

Le trimestre d'hiver était le pire. Tous ces gens irrités par les rhumes, l'école entière pleine d'une odeur de vêtements mouillés et d'eucalyptus, et les matins, les terribles matins sombres, mis à nu par la lumière électrique impitoyable… Même la pensée de revoir Bobs ne pouvait dissiper sa terreur à l'idée de retrouver les cruels enfants de son école, par un froid matin de janvier.

Gaylord dit à Maman :

— Tu sais, le monsieur qui a donné à une dame un poirier avec une perdrix dedans…

— Oui, dit Maman.

— Eh bien, ce n'était pas possible. Parce que, s'il avait apporté l'arbre à la dame, chez elle, avec la perdrix dedans, la perdrix se serait envolée, tu ne crois pas ?

— À mon avis, il aurait eu déjà un mal fou à trimbaler son arbre, et s'il avait dû en plus surveiller ce satané oiseau !… dit Maman. Tu veux une carotte ?

— Oui, s'il te plaît, dit Gaylord qui aidait Maman à la cuisine.

Il mâchonna la carotte, puis :

— Où est-ce que tu te procures les enfants ?

— Chez Harrods, dit Maman distraitement.

— Pardon ?

Maman était occupée.

— Écoute, dit-elle. Je croyais que Papa et toi, vous aviez exploré le sujet ?

Gaylord gloussa de rire :

— Papa dit qu'ils sortent du corps des dames. C'est drôle, non ?

— Il a parfaitement raison, dit Maman, se mettant à peler les pommes de terre. (Mais ça n'allait pas, non. Elle se sécha les mains et s'assit devant la table de la cuisine.) Tu vis dans une ferme. Tu sais tout sur les animaux. Eh bien, c'est exactement la même chose pour les humains. (Elle prit la main de Gaylord.) J'attends un autre bébé, Gaylord. C'est exactement la même chose pour moi. (Elle ne s'en tirait pas si mal, en fait. Elle se sentait tout émue.) C'est parfaitement naturel, tu sais.

Gaylord, lui, pensait à Bessie la truie :

— Tu veux dire que tu... tu fais des petits ?

Maman garda le silence.

— Oui, dit-elle finalement. Ce n'est pas exactement l'expression que j'aurais choisie. Mais... oui, j'imagine.

Gaylord regarda Maman avec un intérêt renouvelé, voire un respect renouvelé. Il n'avait jamais pensé qu'elle fût capable de ça.

— Est-ce que je pourrai voir ? demanda-t-il avidement.

— Non.

— Grand-Papa m'a laissé regarder Bessie, dit Gaylord, déçu.

Maman dit :

— Bien que, biologiquement, nous soyons semblables, Bessie et moi, il y a tout de même, je l'espère, certaines différences de tempérament et de sensibilité entre nous.

Gaylord n'avait pas très bien compris le sens général de cette dernière phrase. Il sauta sur les mots qu'il avait saisis :

— Quelle sorte de différence ?

— Oh ! Grand Dieu, Gaylord ! Si tu n'es pas capable de voir par toi-même que je suis différente d'une vieille truie, ce n'est pas moi qui vais te l'expliquer.

Elle se leva et retourna à l'évier. À sa grande surprise, elle était presque en larmes. Elle en était étonnée elle-même. Elle, toujours si détachée, si amusée, se laisser décontenancer par les questions innocentes d'un enfant… « C'est sans doute la faute de cette fichue grossesse, pensa-t-elle. Si je suis déjà dans cet état maintenant, qu'est-ce que ce sera à la fin du voyage ? » Elle se dit que Bessie n'aurait jamais perdu le nord de cette façon. Peut-être la vieille truie aurait-elle pu lui apprendre un certain nombre de choses, après tout.

CHAPITRE IX

La nouvelle année avait quitté l'abri des côtes et fonçait vers le large, toutes voiles dehors. Les jours s'allongeaient et s'affermissaient, le soleil fragile laquait les arbres nus, la boue était épaisse et visqueuse ; une sorte d'excitation courait dans la terre, annonciatrice du printemps. C'est alors que vint la neige.

La neige est étrange. Parfois, c'est la chose la plus mouillée, la plus froide, la plus déprimante de la nature, aussi triste que des draps de lit humides. Ou alors elle peut transformer le monde en un spectacle magique de délices, semblable à une pièce montée. Cela dépend du tempérament, de l'âge et des moyens.

Rose, roulant à bicyclette à travers la neige, le premier matin du trimestre, la détesta parce qu'elle s'amalgamait à ses roues et qu'elle était perfide. Quand son train entra en gare, bloc de vapeur, de neige et d'humidité, il ressemblait plus au Transsibérien qu'au 8 h 32 en provenance de Shepherd's Warning.

Gaylord, lui, au fond, n'aimait pas la neige autant qu'on le pensait. Naturellement on pouvait toujours faire rouler une de ces énormes boules, deux fois grosses comme soi. Mais, franchement, où cela menait-il ? Le genre d'impression que devaient avoir ressentie certains des Ptolémées après l'achèvement d'une pyramide ? Ça ne rimait à rien. De même, les bonshommes de neige. Et, comme Gaylord était un enfant plein de bon sens, il ne voyait absolument pas le plaisir qu'on pouvait éprouver à recevoir de la neige en pleine figure, ou à souffrir d'intolérables brûlures aux mains en se battant à coups de boule.

Mais Maman et Papa adoraient la neige. Ils y faisaient des promenades, en traînant les pieds comme ils les traînaient en automne dans les feuilles mortes, et en secouant les arbres pour faire tomber des paquets blancs sur leur visage éclairé par le rire. Gaylord, qu'ils emmenaient généralement dans ces excursions ridicules, faisait de son mieux pour se mettre au diapason. Mais il avait beaucoup de mal. Les parents peuvent être terriblement gênants, parfois.

Rose gagna à la hâte la salle des professeurs. Elle la parcourut d'un regard inquiet. Non, *il* n'était pas encore là. Dehors, la neige tombait en tourbillons du ciel bas. On avait le sentiment qu'elle ne cesserait jamais, qu'elle ne pourrait jamais cesser. Rose commença à se tourmenter en pensant au retour à la maison. Si la ligne de chemin de fer était bloquée, que ferait-elle ? Il n'y avait pas d'autobus pour Shepherd's Warning. Elle commençait à se sentir perdue, coupée de son foyer, de sa famille, seule au milieu d'étrangers.

— Je ne donnerais pas grand-chose de vos chances de rentrer chez vous ce soir, dit une voix.

Elle se retourna.

— Bobs ! s'écria-t-elle.

— J'ai reçu une lettre, dit-il. D'un admirateur.

Il la tendit. Elle était adressée à Rose, « aux bons soins de M. J. R. Roberts ».

— Pour moi ? dit-elle.

Elle ne pouvait imaginer qui pouvait bien lui écrire. Elle ouvrit précipitamment l'enveloppe :

— Mais, c'est de M. Grebbie !

— Par exemple ! dit Bobs.

Elle la lut et se sentit très touchée.

— Comme c'est gentil à lui ! Il me remercie pour la bonne journée de Noël. Il espère que nous aurons l'occasion de nous rencontrer de nouveau.

— Hé, hé ! fit Bobs.

— Il était gentil, dit Rose, se tapotant les doigts avec la lettre.

— Vous voulez dire qu'il vous a plu ? (Il avait l'air étonné.) Il est rasoir comme la pluie.

— Il est bon et gentil. Je croyais qu'il était censé être de vos amis ?

— Oui, c'est exact. Mais il faut bien regarder la vérité en face.

Rose sentit la colère monter. D'un moment à l'autre, elle le savait, elle allait perdre son sang-froid. Et avec Bobs ! Mais elle ne pouvait s'en empêcher.

— En tout cas, lui, au moins, il a envoyé une lettre de remerciements pour Noël.

— Vous voulez dire que je n'en ai rien fait, je suppose ?

Il affichait un air agressif. Mais une force étrangère s'était emparée de Rose. Elle entendit sa voix dire :

— Et alors ? Vous n'allez pas me dire le contraire ?

— J'avais l'intention d'écrire, marmonna-t-il. Simplement, je... je n'en ai pas eu l'occasion.

— M. Grebbie, lui, l'a trouvée, dit-elle.

La cloche sonnait. Il ramassa ses livres et se hâta de sortir sans jeter un regard en arrière.

— Bobs ! cria-t-elle lamentablement.

Il ne parut pas l'entendre. Une ou deux personnes la regardèrent avec surprise ou amusement. Oh ! quelle imbécile elle faisait ! Depuis quelque temps, elle ne pouvait s'empêcher de lâcher parfois des rosseries. Mais traiter ainsi Bobs ! Il la prendrait pour une vieille fille hystérique, la raierait de ses tablettes, et à qui la faute ? Et c'était le premier jour du trimestre, et les tout-petits, s'ils n'appelaient leurs parents en pleurant, devenaient fous avec la neige. Elle était sûre qu'elle aurait un mal du diable à rentrer chez elle, le soir, en admettant même qu'elle y arrivât. Elle regarda par la fenêtre. Les nuages pendaient au ras des cheminées, et les flocons, pareils à des derviches tourneurs, lui donnaient le vertige.

Au déjeuner, pas trace de Bobs. Le vent hurlait et entassait la neige en monceaux blancs tourmentés. Un silence menaçant remplaçait le vacarme habituel de la circulation. On eût dit que le crépuscule d'hiver envahissait déjà la ville. Rose eut peur.

Quand finalement la cloche de la sortie se déclencha, l'obscurité s'était établie pour de bon — une obscurité tourbillonnante, déroutante, où les bruits s'étouffaient et perdaient toute réalité, où les flocons assaillaient les lampadaires des rues comme autant de papillons frénétiques. En dépit de sa hâte de rentrer à la maison, Rose s'attarda, dans l'espoir de voir Bobs. Il fallait s'expliquer, s'excuser, s'efforcer de passer une fois de plus à ses yeux pour un être humain aimable. Mais il avait dû partir de bonne heure : elle eut beau attendre que le garage à bicyclettes se fût vidé, elle ne le vit pas. Que pouvait-il penser d'elle ? Elle aspirait à s'humilier devant lui, comme une pénitente qui aspire à la confession. Mais il était parti.

Rose gagna la gare à la hâte, se rendit sur le quai habituel.

— Y a-t-il un train pour Shepherd's Warning ? demanda-t-elle au porteur.

— Il aurait un sacré travail, dit-il. (Du doigt il désignait l'étendue blanche, au-delà de la sortie de la gare.) Il y a quatre mètres de neige par endroits.

— Mais... mais comment vais-je rentrer chez moi ? dit Rose.

— Vous ne rentrerez pas. Il y a du feu dans la salle d'attente des dames.

— Ah non ! Je ne passerai certainement pas la nuit là !

Rose s'était emportée une fois de plus. Mais où exactement allait-elle passer la nuit ? Elle était effrayée à l'idée de ne pas savoir où se réfugier. Sans doute devait-elle essayer l'hôtel. Il n'y en avait qu'un. Rose franchit la porte à tambour avec appréhension. Elle n'avait pas l'habitude de fréquenter les hôtels. Dans le hall, un homme, assis, fumait le cigare. Rose eut la certitude que, lorsqu'elle monterait dans sa chambre, l'homme se lèverait nonchalamment pour la suivre.

Mais la question ne se posa pas. Il n'y avait pas de chambre. Rose dit :

— Oh ! mon Dieu ! me voilà dans de beaux draps, j'en ai peur.

— Il y a des tas de gens dans votre cas. C'est pourquoi nous sommes complets, dit la jeune fille derrière le bureau. (Personnellement elle s'en moquait.)

Rose s'arrêta pour réfléchir à ce qu'elle allait faire. Elle avait peur de voir l'homme au cigare s'approcher d'elle et lui faire d'engageantes propositions d'aide. À sa grande surprise, il ne parut même pas la voir. Que faire ? Elle pensa que le mieux serait de s'adresser à la police. Il faudrait bien qu'ils fassent quelque chose.

Puis elle songea à Bobs. Elle pouvait aller chez Bobs, lui demander secours. Après tout peut-être même essaierait-il de la ramener chez elle en voiture. Et elle aurait l'occasion de s'excuser. Bien tranquilles dans son appartement, ils pourraient alors se réconcilier.

Bien tranquilles dans son appartement ! Et si… et s'il allait s'imaginer qu'elle courait après lui ? Elle en eut chaud. Et s'il essayait de la garder là ? Même le cher Bobs n'était qu'un homme. Et *tout* le monde disait que *tous* les hommes se ressemblent quand on en vient à... certaines choses.

Mais l'idée de voir Bobs l'emporta sur toute autre considération ; et aussi l'idée de ne plus être seule dans une ville étrangère.

Elle connaissait l'appartement. Elle s'y était rendue une fois, à une assez lamentable réunion. Cinq minutes plus tard elle sonnait à la porte.

Rose ne pouvait prétendre que Bobs parût ravi de la voir.

— Que diable faites-vous là ? demanda-t-il, la regardant sur le seuil, les yeux ronds.

— Je ne peux pas rentrer chez moi, Bobs, dit-elle. Il n'y a pas de train.

— Mais, Bon Dieu ! vous ne pouvez pas rester ici !

— Oh ! naturellement, Bobs, se hâta-t-elle de dire. Je pensais... je pensais que vous pourriez peut-être me donner une idée.

Il réfléchit :

— Il n'y a pas de foyer d'accueil.

L'apport aurait difficilement pu être plus négatif. Mais c'était peut-être le signe qu'il faisait un effort. Rose voulut le croire, en tout cas.

— L'hôtel est plein, dit-elle.

— Mince alors !

Il s'effaça.

— Vous feriez mieux d'entrer, pendant que nous réfléchissons, dit-il courageusement.

Elle entra. C'était un petit appartement douillet. La bouilloire chantait près du feu. Pour la pauvre Rose sans foyer, c'était le paradis. Peut-être vit-il le regard affamé qu'elle jeta autour d'elle.

— Je pensais justement à me faire du thé, dit-il. En voulez-vous, pendant que nous réfléchissons ?

— Oh ! Bobs, vraiment, ça ne vous ennuierait pas ? C'est à dire… je ne voudrais pas…

— Non, non, ce n'est rien, dit-il d'assez mauvaise grâce. Tenez, donnez-moi votre manteau.

Rose se débarrassa de son manteau avec un sentiment mi d'hésitation, mi de surexcitation. D'hésitation parce que, évidemment, dans l'appartement d'un célibataire, plus on garde d'épaisseur de vêtements sur le dos, plus on est en sécurité. De surexcitation parce que, mon Dieu, ôter son manteau dans l'appartement d'un célibataire, c'est une aventure.

— Œufs pochés, ça vous va ? demanda-t-il.

— Oui, bien entendu. Voulez-vous que je m'occupe des toasts ?

Bref, elle s'installa devant le feu avec la fourchette à toast, pendant qu'une vapeur s'exhalait de ses chaussures et que Bobs préparait le thé et les œufs pochés. Après l'air froid, le feu lui teintait les joues d'une chaleureuse couleur. L'émotion née de cet épisode paradisiaque donnait de l'éclat à son regard. Tandis que, assis sur le sofa côte à côte, ils mangeaient leurs œufs devant le feu, Bobs l'examina avec intérêt.

— Je crois que vous allez être obligée de passer la nuit ici, dit-il. (Il se hâta d'ajouter :) Je dormirai sur le canapé. Vous prendrez mon... mon lit.

Le terrifiant monosyllabe tomba dans le silence comme une pierre dans les profondeurs d'un puits, plongeant Rose dans une folle terreur.

— Oh ! mais je ne pourrais pas ! (Dans son agitation elle en laissait presque tomber son assiette.) Vraiment, Bobs, je ne pourrais pas.

— Vous seriez tout à fait en sécurité, dit-il froidement.

— Oh ! je sais, oui, bien sûr. Mais vraiment, je ne pourrais pas. Je vous mettrais dans une situation impossible.

« Elle aurait pu réfléchir à ça avant de venir », pensa-t-il. Mais ce n'était pas le cas. Et maintenant il l'avait sur les bras. Ç'aurait pu être pire.

L'ennui était qu'à la moindre fausse manœuvre, ou simplement à la moindre manœuvre un peu brusque de sa part, elle se mettrait à pousser des cris et à ameuter le quartier. Rien que le mot de « lit » avait failli la faire grimper aux rideaux. Il dit gentiment, toutes proportions gardées :

— Je vais laver la vaisselle. Posez les pieds sur la table et détendez-vous.

Rose n'avait certainement pas l'intention de poser les pieds sur la table, mais elle fit effort pour se détendre. Après tout, elle était avec le cher Bobs. Elle ne voulait pas tout gâcher, n'est-ce pas ? Donc, elle se percha sur le bord du canapé, les mains croisées sur la jupe de son confortable costume de tweed et regarda autour d'elle, à peu près aussi détendue qu'un dompteur lâché seul pour la première fois dans la cage aux fauves.

Bobs entra, s'essuyant les mains avec une serviette à thé. Il la regarda et dit :

— Je déteste l'éclairage au plafond, pas vous ? (Il éteignit le lustre et alluma une petite lampe.) Musique ? dit-il.

Il mit en marche l'électrophone. Valse de Strauss. Il ajouta un peu de charbon sur le feu, s'assit sur le canapé. Cette vieille Rose n'avait pas l'air si mal, dans cette lumière. Réflexion faite, il l'aimait bien, quand elle ne courait pas après lui.

Ce soir en tout cas, elle ne semblait pas en avoir l'intention. Drôles de créatures, parfois, les femmes ! Elles se pendent à vos basques, faut voir, et quand elles vous ont coincé, elles sont littéralement terrifiées. Ma foi, à elles de savoir ce qu'elles veulent. Il allongea le bras et prit la main de Rose.

CHAPITRE X

Gaylord rentrait chez lui, pataugeant dans la neige. Les flocons ne se seraient pas plus amusés s'ils avaient été des papillons blancs, et lui un pauvre chou. Ils lui chatouillaient le nez, lui cognaient dans l'œil, lui voletaient dans le cou, se logeaient dans ses oreilles. Et la neige devenait profonde. Il n'était pas sûr du tout de jamais arriver chez lui.

Le monde blanc où il avançait était aussi désert que l'Antarctique. Tous les points de repère familiers avaient disparu. Rien que les hurlements du vent, l'obscurité qui venait, les arbres qui se penchaient sur lui.

Il essaya de siffler pour se remonter le moral. Mais comme il ne parvenait à produire que des grésillements assez sinistres, ce ne fut pas d'un grand secours.

Quelque chose bougea devant lui. Des loups ? Il essaya de percer la pénombre neigeuse. Deux formes lui barraient le chemin. Pas des loups. Pis. Willie et son frère, Bert.

Ils le regardaient dans un silence menaçant. Bert tira quelque chose de sa poche. Clic ! un couteau s'ouvrit. Bert se mit à se curer les ongles pensivement avec la pointe menaçante.

Gaylord l'observait, fasciné par la peur. Finalement Bert se décida :

— C'est lui le petit salaud ?

— C'est lui, dit Willie.

Bert continua à se nettoyer les ongles.

— Pourquoi as-tu été chiper le truc de notre Willie ? demanda-t-il.

— Ce n'est pas moi, dit Gaylord indigné.

Bert alors regarda Gaylord ; et Gaylord frissonna. Car les yeux de Bert n'avaient pas d'expression humaine. Ils ne contenaient ni pitié ni haine. Ils étaient vides, simplement.

— Je te donne une semaine, dit-il. Rends-lui ce truc avant une semaine, sinon...

— Sinon, quoi ? demanda Gaylord, non par défi, mais pour se renseigner.

Bert cessa de se nettoyer les ongles. Il prit le couteau et en dirigea lentement la pointe vers le visage de Gaylord. Gaylord resta immobile, hypnotisé. La lame était à trente centimètres de sa figure. Il vit un flocon de neige tomber sur la surface brillante et lentement fondre…

— Sinon, je te réglerai ton compte, dit Bert.

— Je le dirai à mon père.

— Je lui réglerai aussi son compte, dit Bert.

Gaylord dit :

— Mais je n'ai pas le truc de Willie ! Je ne peux pas le rendre !

— Viens, dit Bert.

Willie et lui disparurent dans l'obscurité. Gaylord poursuivit son chemin, pensif. Deux autres formes surgirent de la blancheur.

— Le voilà ! dit Maman. (Elle avait l'air soulagé.)

— Tu ressembles à un petit Esquimau, dit Papa.

Ils l'encadrèrent. Ils le prirent chacun par une main. Gaylord n'était pas toujours plongé dans une joie sans mélange à la vue de ses parents, mais il l'était ce soir-là. En fait il n'avait jamais de sa vie été aussi content de voir quelqu'un, mais il se garda bien de le montrer, naturellement. Il avait l'impression que ce ne serait pas bon pour eux.

— Tu es bien silencieux, remarqua Maman. Il y a quelque chose ?

— J'ai mal à la tête, répondit Gaylord.

Maman détestait les maux de tête de Gaylord ; ils pouvaient cacher n'importe quoi.

— Ça n'a pas collé avec la maîtresse ? demanda-t-elle.

— C'est à peu près ça, dit Gaylord, soulagé.

Maintenant que Maman avait trouvé son interprétation personnelle des choses, elle allait être tout à fait rassurée. Plus de questions gênantes. Il avait raison. Maman et Papa continuèrent à marcher, échangeant des propos heureux sur la neige et laissant Gaylord à ses réflexions sérieuses. Mais ça n'avançait pas à grand-chose de réfléchir. Les faits étaient là : 1°) Gaylord devait dénicher le truc de Willie avant le lundi suivant, ou on lui réglerait son compte ; 2°) Gaylord ne pouvait pas dénicher le truc de Willie avant le lundi suivant, parce qu'il ne savait pas où il était ; en conséquence : 3°) on lui réglerait son compte.

Tout ce qu'il y a de plus simple.

Il se rappela comme il avait eu mal, le jour de Noël. Il se sentait seul, effrayé, si terrifié qu'il envisagea même de parler à ses parents. Mais il renonça bientôt à cette idée. Maman voudrait tout savoir. Et quand elle lui aurait fait tout raconter, elle dirait : « Voilà où ça mène de parler à Willie. Oui ou non, est-ce que je te l'avais dit ? » Et ainsi de suite. Non. Il devait y avoir un autre moyen. Lequel ?

Ce soir-là, après avoir prié : « Seigneur, bénissez Maman, Papa, Grand-Papa, Tante Rose et Tante Becky, et Abdullah s'il n'est pas trop tard, il ajouta : ... et ne laissez pas Bert me régler mon compte. » C'était le seul moyen auquel il pouvait penser.

CHAPITRE XI

Bobs, ayant pris la main de Rose, lui entoura les épaules de son autre bras.

— Vous êtes bien ? demanda-t-il.

Rose le regarda longuement, pensivement. Puis, soudain, elle se détendit et sourit. C'était un sourire triste et inquiet, le sourire d'une femme amoureuse d'un homme qui ne lui rend pas son sentiment.

— Très bien, murmura-t-elle.

— Parfait.

Et il l'embrassa.

Elle aurait dû être aux anges. Elle ne l'était pas. Il y avait trop de doutes et de questions. Elle l'embrassa alors doucement, songeusement, comme quelqu'un qui goûte un vin en sachant qu'il sera trop fort pour son goût. Et il n'était que six heures du soir, et ils avaient devant eux toute la soirée !

On sonna.

Rose elle-même n'aurait su dire si sa réaction fut : « Dieu merci ! » ou : « Enfer et damnation ! ».

Bobs dit :

— Qui diable... ? et alla ouvrir.

Rose resta assise, de nouveau raide et tendue. Qui cela pouvait-il bien être ? « Oh ! faites que ce ne soit personne que je connaisse ! » Elle ne supporterait jamais d'être découverte ainsi, seule avec un homme. Elle donnerait l'impression ridicule d'être coupable, ce serait plus fort qu'elle.

Mais il était peu probable que ce fût quelqu'un qu'elle connût. Un ami de Bobs, sans doute. Ou un voisin qui...

— Rose ne serait-elle pas chez vous, par hasard ? demanda une voix agréable, un peu rauque, la dernière voix que Rose aurait souhaité entendre.

Puis Bobs, absolument ravi :

— Par exemple, Becky ! Entrez ! Quel plaisir de vous voir !

Becky entra, gracieusement emmitouflée dans une veste de mouton. Elle embrassa toute la scène d'un regard brillant, amusé.

— Ah !... Rose ! J'ai pensé que tu devais être en panne.

— Bonsoir, dit Rose.

— J'ai lu dans ta petite tête comme dans un livre. Je me suis dit : Rose ne pourra pas rentrer à la maison. Donc elle ira chez Bobs. C'est le seul endroit où elle puisse aller, à Ingerby. Fine mouche, hein ?

Bobs proposa, se frottant les mains :

— Eh bien, maintenant que vous êtes ici, vous feriez mieux de retirer votre manteau. Vous pouvez coucher avec Rose.

Les beaux yeux de Becky s'emplirent de gratitude.

— Oh ! Bobs, vous êtes gentil, mais je suis venue chercher Rose. Peter m'attend dehors, dans sa châtelaine. Il est sûr qu'il arrivera à passer.

— Je vais mettre mon manteau, dit Rose.

Elle n'avait plus d'hésitation sur sa réaction. C'était : « Enfer et damnation ! »

Becky regarda l'électrophone, qui distillait toujours sa musique douce.

— À moins que je n'interrompe quelque chose ? susurra-t-elle. Ne te crois pas obligée de venir, si tu préfères rester.

— Non, non, je viens, naturellement, répondit Rose.

Elle ne pouvait plus rester, et elle n'avait pas fini d'en entendre parler. De toute façon, Bobs était déjà là, apportant le manteau.

— Je ne voudrais surtout pas troubler un tête-à-tête d'amoureux, dit Becky, compréhensive.

— Seigneur Dieu, non ! s'écria Bobs.

— Ne dis pas de bêtises. (Rose boutonna son manteau.) Bonsoir, Bobs, et merci pour le thé.

— À la prochaine, dit-il. À la prochaine, Becky !

Becky lui adressa un sourire radieux. Et puis, en route !... Rose, ballottée à l'arrière de la voiture, pensait à la pièce chaude et bien éclairée qu'elle avait quittée, et à la longue soirée, si pleine de possibles exaltants et alarmants, qu'on venait de souffler comme une bougie ; une soirée qui pourrait bien ne jamais se reproduire... qui ne se reproduirait même jamais. Et voilà qu'un soupçon terrible, honteux, s'agitait au fond de son esprit ; elle s'efforçait de l'étouffer, mais il ne voulait pas la laisser en paix.

— Comment savais-tu où habite Bobs ? demanda-t-elle, essayant d'avoir l'air naturel, mais consciente de la dureté et de l'hostilité de sa voix.

Becky souleva paresseusement sa tête, posée sur l'épaule de Peter.

— J'ai téléphoné à la police. Ils ont été formidablement complaisants.

— Et tu t'es donné tout ce mal ? Simplement pour m'aider à rentrer à la maison ?

— Naturellement, ma chérie. Tu n'aurais pas fait la même chose pour moi ?

Rose garda le silence. C'était vrai, presque certainement vrai. Becky avait un cœur d'or, Rose devait le reconnaître. Mais, étant donné son humeur, elle préférait encore penser que c'était un coup monté pour gâcher sa soirée avec Bobs. Ce n'était pas juste. Elle s'apitoyait terriblement sur elle-même. Non seulement, elle n'était pas séduisante, mais, chaque fois qu'elle avait une chance de voir Bobs, il y avait un obstacle quelconque : le temps, son père, Becky... Toujours, toujours Becky. Assise dans l'obscurité froide, elle se mordit les lèvres pour étouffer ses sanglots, car des larmes de rage coulaient, froides, le long de ses joues.

Ils arrivèrent à la maison sans incident. Becky et Peter se ruèrent à l'intérieur. Rose les suivit lentement, essayant désespérément de cacher les traces de ses larmes.

— Ah ! vous voilà à bon port, tant mieux ! cria Maman. Mais il n'y a toujours pas signe de Rose. Nous sommes inquiets.

— Tout va bien, dit Becky, elle est avec nous.

Rose entra, clignant les yeux dans la lumière.

— Nous l'avons sauvée d'un sort pire que la mort, n'est-ce pas, Rose ?

— Je ne sais pas ce que tu veux dire, répondit Rose.

Becky dégrafa son manteau.

— Oh, ça va ! Je m'y connais : lumières tamisées, canapé devant le feu…

— Et où tout ça se passait-il ? demanda Maman, intriguée.

— Je suis allée chez M. Roberts, parce que j'étais bloquée. Tout cela était parfaitement respectable, avoua Rose.

— Ma chérie, quand un homme met les *Contes de la forêt viennoise* sur son tourne-disque, les choses ne sont pas respectables longtemps, insista Becky.

— Bobs n'est pas ainsi, s'insurgea Rose.

— Tu crois ça, ma chérie, dit Becky d'une voix suave.

Un long moment les deux sœurs se regardèrent. Il y avait un défi inquiétant dans ce regard. Puis Rose baissa les yeux et Grand-Papa se manifesta :

— Roberts ? Roberts ? Le type qui est venu à Noël ?

— Oui.

— Vraiment ? Quelle coïncidence extraordinaire ! Extraordinaire, grommela Grand-Papa.

— Quoi ? demanda Papa avec irritation.

— Eh bien ! Que Rose ait rencontré ce type, voyons ! (Vraiment, il y avait des moments où son fils était idiot.)

— Bon Dieu, Papa ! il n'y a là rien d'extraordinaire. Ils enseignent dans la même école. Il est venu à Noël parce qu'il est un ami de Rose.

Grand-Papa se débattit dans son fauteuil comme un hippopotame s'arrachant à la boue.

— Mais absolument pas ! Il est venu parce que je l'ai invité personnellement. Je l'ai rencontré en novembre. Ce type a une conversation fichtrement intéressante ; c'est pour ça que je lui ai dit de venir à Noël.

— Oh ! J'y renonce ! dit Papa.

Rose pensa : « Quelle famille ! Non seulement ma soirée avec Bobs est fichue. Mais il faut encore que nous nous mettions à discuter et à nous chamailler à ce propos. C'est intolérable. Je ne peux pas supporter qu'on ergote de cette façon sur ma vie privée. »

Mais déjà Grand-Papa aboyait :

— De toute façon, de quoi s'agit-il, Rose ? Tu n'allais pas passer la nuit avec ce type, quand même ?

— Je ne pouvais pas rentrer à la maison. L'hôtel était plein. Que voulais-tu que je fasse ? Que je me couche par terre dans la neige en attendant la mort ?

— Non mais enfin, tu comprends... Passer la nuit avec ce type !

Grand-Papa avait l'air ennuyé.

— De mon temps, ça ne se faisait pas, tu sais.

— Qu'est-ce qui ne se faisait pas, John ? demanda Grand-Tante Marigold.

« Oh non ! pensa Rose. Voilà Grand-Tante qui s'en mêle ! Nous allons tout reprendre à la première figure. »

Grand-Papa braqua sur sa sœur un regard vengeur :

— Passer la nuit avec un homme ! hurla-t-il.

Tante Marigold eut l'air plus intéressé que choqué.

— Quand est-ce arrivé, ma chérie ?

— Mais ce n'est pas *arrivé* ! protesta Rose. Il allait prendre le canapé et me laisser le lit !

— C'est toujours ce qu'ils disent, murmura Becky.

— Toi, tais-toi ! répliqua Rose d'un ton sec.

Elle souffrait terriblement. Cette discussion eût gêné n'importe qui. Et Rose était particulièrement timide et pudique. Comme Grand-Papa en avait fait la remarque un jour : « Si notre Rose avait envie de faire pipi en plein Sahara, elle se cacherait derrière une dune. » Aussi était-elle accablée de confusion et, par suite, aussi hérissée qu'un porc-épic.

— Toi, tais-toi ! répéta-t-elle.

— Mais bien sûr, ma chérie, dit Becky avec douceur.

— Et n'aie pas l'air d'accepter d'étouffer une sale histoire ! cria Rose.

— La voilà partie sur ses grands chevaux ! intervint Grand-Tante Marigold.

— Écoutez-moi bien tous, reprit Rose. Je ne veux pas qu'on discute ainsi de mes affaires personnelles. C'est... c'est indécent !

— Bravo, bravo, dit Papa.

Grand-Tante Marigold crut bon d'insister :

— Ta Grand-Tante Maud s'est enfuie avec un Nicaraguayen.

— Qu'est-ce que ça a à voir ? demanda Papa.

— C'était un Mexicain, précisa Grand-Papa.

— Tu dis, mon chéri ?

— Que Maud est partie avec un Mexicain !

— Tu es sûr, mon chéri ? Ce monsieur avait la peau très basanée.

— Et alors ? Les Mexicains ont la peau très basanée, Bon Dieu !

Papa s'interposa :

— Écoutez, Rose n'est partie avec personne. Elle s'est simplement réfugiée chez un ami parce qu'elle était bloquée par la neige. C'était la sagesse même, si vous voulez mon avis.

— Merci, Jocelyn, dit Rose. Et, maintenant que c'est réglé, je me retire dans ma chambre. Si personne n'y voit d'objection, je ne dînerai pas.

Là-dessus, elle sortit noblement.

Grand-Papa prit un air ahuri. Il lança un regard furieux à son fils.

— Qu'est-ce qui lui prend ? Jocelyn, ce n'est pas toi qui l'as contrariée, au moins ?

— Non, dit Papa, en colère.

— Elle est très sensible, Rose. Il faut faire très attention à ce qu'on lui dit.

Papa, dans sa fureur, secoua le journal :

— Je te garantis que je ne l'ai pas contrariée, Père.

— Très bien, très bien. Pas la peine de faire cette tête. J'attirais simplement ton attention sur le fait qu'il faut la traiter avec ménagement.

— Je ne fais pas la tête !

Grand-Tante Marigold, plongée dans ses réflexions sur les Mexicains, refit surface.

— Rose avait l'air contrarié, fit-elle remarquer. Est-ce que Jocelyn lui a dit quelque chose ?

Papa se leva, jeta son journal et sortit brusquement de la pièce.

— C'est un bon garçon, Jocelyn, dit la tante avec mansuétude. Je suis sûre qu'il est parti s'excuser.

CHAPITRE XII

L'Angleterre était paralysée. La neige, comme toujours, avait complètement pris au dépourvu la race des insulaires. Les voitures, dans tout le pays, étaient bloquées par les amoncellements de neige, les trains immobilisés sur les voies de garage. On lançait par hélicoptères du foin aux poneys de la New Forest et de la nourriture aux voyageurs égarés. Les journaux et la télévision ne parlaient plus que de cela. Ce peuple, qui avait si magnifiquement réglé leur compte à Bonaparte, au Kaiser et à Hitler, était soudain éperdu et frustré. Inconsciemment, il vivait dans le sentiment que tout ce qui avait plus de cinq centimètres d'épaisseur n'était pas anglais. Comme les tremblements de terre et les tornades, c'était le genre de choses que les étrangers attirent sur eux à cause de leur mode de vie déréglé. Mais pas les Anglais. En conséquence, tous se plaignaient amèrement, mais ne faisaient vraiment rien pour y remédier. Cela n'aurait jamais dû arriver. Pas en Angleterre. C'était d'un manque de tact ! Mieux valait tourner la tête, ne pas regarder et attendre que ça passe.

Mais ça ne passait pas au soulagement intense d'au moins un citoyen. Gaylord, le lundi suivant suspendu au-dessus de sa tête comme l'épée de Damoclès, regardait tomber les flocons ainsi qu'un naufragé dans un canot regarde tomber la pluie. Pour peu que ça continue, il avait une chance de salut. Pour peu que ça continue, les routes seraient coupées, le lundi d'après. À tout le moins Gaylord pourrait-il s'arranger pour prétendre de façon convaincante qu'elles l'étaient.

Mais le jeudi, naturellement, la température remonta de cinq degrés d'un coup, la neige se mua en pluie et la campagne en bourbier. La neige boueuse et sale ne parvenait pas à disparaître assez vite. Les ronces et les épines se redressaient comme des barbelés sur un champ de bataille abandonné. Les arbres noirs dégouttaient d'eau et les ruisseaux coulaient, noirs aussi, sous une croûte de neige durcie.

Gaylord observait ces phénomènes d'un cœur lourd. Plus question pour lui de rester en sécurité, lundi, à la maison, comme il avait commencé à l'espérer. Il serait dehors, seul, à affronter les périls des sentiers de la campagne. Et, quelque part sur son chemin, il rencontrerait Bert, Willie, la violence et la souffrance.

Vendredi arriva, le soleil se mit à briller, hâtant la fonte de la neige. Samedi, le gel durcit le bourbier, séchant les routes. Dimanche, Gaylord essaya, en se concentrant, de ralentir la marche inexorable du temps. Mais il n'y réussit pas. Le temps poursuivit sa route, marquant de son tic-tac la fuite des minutes, des heures. Vint l'heure du coucher. Il monta, doux comme un agneau marchant au sacrifice, sans même recourir une seule fois à ses habituelles manœuvres dilatoires, ce qui laissa Maman vaguement mal à l'aise. Il se pelotonna sous les draps. Il y faisait chaud et sombre. Il aurait aimé y rester pour toujours. Il essaya de retenir son souffle, mais n'y réussit pas non plus. Bon, alors il resterait éveillé toute la nuit, reculant autant que possible le moment de la peur.

Il avait dû somnoler ; car, soudain, avec une nausée d'horreur, il entendit Maman lui crier de se lever ; il comprit qu'il avait gaspillé, à dormir, les heures douces et paisibles de la nuit.

Maman entra, pleine d'une énergie et d'une efficacité diaboliques :

— Allons, Gaylord ! Tu vas être en retard.

— J'ai mal à la tête, haleta une voix mourante.

Maman s'arrêta :

— Tu as pourtant bonne mine, dit-elle, hésitante.

— Je ne me sens pas bien, insista Gaylord. (Et c'était vrai.)

Maman lui toucha le front.

— Je crois que j'ai de la fièvre, ajouta-t-il.

Maman alla chercher le thermomètre, le lui fourra dans la bouche. Gaylord fit de son mieux pour enrouler sa langue autour de la tige de verre. Maman attendait, l'observant pensivement. Elle retira le thermomètre, y jeta un coup d'œil.

— Trente-sept deux.

— C'est beaucoup de fièvre ? demanda Gaylord.

— C'est absolument normal.

Gaylord s'éventa de la main. Il cherchait péniblement son souffle.

— Je me sens tout chaud, en tout cas. Je me sens diablement chaud.

— Gaylord !

C'était bien de Maman, de croire un petit tube de verre plutôt que son propre fils. Mais elle avait l'air encore soucieux.

— Tu n'as pas vraiment mal à la tête, n'est-ce pas ?

Il se passa avec lassitude la main sur le front :

— Si, un mal de tête épouvantable.

— Allons, lève-toi, dit-elle.

— Mais je suis malade ! Je dois avoir la rougeole.

— Si tu avais la rougeole, tu disparaîtrais sous des taches rouges.

Il était au bord du désespoir.

— La maîtresse dit qu'on peut avoir la rougeole sans être rouge. Elle dit que c'est l'espèce la plus dangereuse.

Maman s'assit sur le lit. Elle prit la main de son fils.

— Gaylord, pourquoi ne veux-tu pas aller en classe ?

— Je ne demande pas mieux. (On ne le prendrait pas si facilement.) Mais ce ne serait pas bien d'y aller pour donner la rougeole à tout le monde, tu ne crois pas ?

Maman lui tâta de nouveau le front. Frais comme la rose.

— Cela n'aurait pas un tout petit peu à voir avec Willie, par hasard ?

— Non, dit Gaylord sans mentir puisqu'il s'agissait du frère de Willie.

— Alors, qu'est-ce qui te tracasse ? Quelqu'un te tourmente à l'école ?

— Non, c'est seulement la rougeole.

— Oh ! pour l'amour du Ciel !

La mère et le fils se dévisagèrent. Gaylord avait son air habituel d'innocence et de candeur. Mais l'ombre de la peur ne se cachait-elle pas derrière la candeur de ce regard ? Maman aurait bien voulu le savoir. Elle dit avec douceur :

— Il va falloir te lever et aller à l'école, Gaylord. Je suis certaine que tu n'es pas malade et, s'il y a quelque chose qui te fait peur, ce n'est pas en l'esquivant que ça s'arrangera. (Elle sourit, bien qu'elle n'en eût pas envie.) C'est une des premières et des plus dures leçons qu'il faut que tu apprennes.

Elle se retourna sur le seuil. Gaylord sautait à bas de son lit. « Brave gosse », pensa-t-elle. Elle regagna sa chambre.

— Gaylord a la rougeole, dit-elle. La rougeole invisible.

— Ce qui signifie ? demanda Papa.

— Ce qui signifie qu'il y a quelque chose qui continue à lui faire peur et qu'il continue à refuser de dire quoi.

Papa hocha la tête.

— Dans ce cas, la seule solution, c'est qu'il affronte la chose face à face, non ?

— Oui. Sommes-nous trop durs ?

— Ce n'est pas nous, dit-il. C'est la vie. Elle est comme ça.

Il alla prendre son bain. Après, il dit :

— J'ai réfléchi. Je pourrais aller avec lui jusqu'au village... prétendre que j'ai besoin de tabac. Avec un peu de chance, j'apprendrais quelque chose, peut-être.

Maman eut l'air soulagé :

— Tu me ferais plaisir, Jocelyn. Je n'aime pas cette histoire. Il faut que ce soit sérieux pour l'inquiéter à ce point.

Gaylord se débattait avec son petit déjeuner. Il devait forcer chaque bouchée à descendre. Il aurait voulu que Maman cessât de l'observer. Puis Papa sortit sa blague à tabac, esquissa un geste pour emplir sa pipe et s'écria :

— La barbe, May, je n'ai plus de tabac ! Il faut que je fasse un saut jusqu'au village. (Il se tourna vers Gaylord.) Voudras-tu m'accorder l'honneur et le plaisir de ta compagnie ?

S'il se fût agi de Maman, Gaylord eût été dévoré de soupçons. Mais on ne pouvait soupçonner Papa de mobiles compliqués. Gaylord lisait en lui à livre ouvert.

— O.K.

— Ne dis pas « O.K. », répliqua Papa. Tu es prêt ?

— Le temps d'aller aux toilettes, dit Gaylord.

Papa fut scandalisé.

— Aux quoi ?

— La maîtresse dit les *toilettes*, répondit Gaylord et il sortit.

Papa se tourna vers Maman :

— Je savais que ça arriverait. C'est toujours comme ça. Si on les envoie à l'école du village, ils en ramènent toujours des expressions abominables.

Il était furieux.

Grand-Papa entra.

— Qu'est-ce que tu as ? demanda-t-il à son fils.

Gravement Papa dit :

— Nous venons d'être informés que l'on a appris — *appris*, tu entends bien — à Gaylord à dire les *toilettes* pour désigner les *cabinets*.

— Grand Dieu ! s'exclama Grand-Papa.

— Va pour n'importe quel bon et honnête vocable primitif, dit Papa. Mais… *toilettes*. Je vais écrire à la Commission de l'éducation.

Gaylord revint. Ils se dirigèrent vers le hall.

— Où va-t-il ? demanda Grand-Papa à Maman.

— Acheter du tabac, dit Maman.

Grand-Papa se hâta vers la porte.

— Hé, Jocelyn ! Je peux t'en avancer un paquet.

— Ne te dérange pas. Ça m'amuse.

— Ça t'amuse ? À cette heure matinale. Toi ? (Grand-Papa n'avait jamais fait mystère du mépris que lui inspirait l'incapacité de Jocelyn à faire surface avant dix heures et demie.)

— Oui, moi ! répondit Papa.

Grand-Tante Marigold fit son apparition, chargée d'une bouillotte froide et d'une tasse vide avec sa soucoupe.

— Pourquoi Jocelyn a-t-il mis son manteau ?

— Ne t'inquiète pas. Il n'a pas décidé de commencer à gagner sa vie à la sueur de son front, dit Grand-Papa qui avait tendance à être d'une humeur de chien, les matins où il faisait froid.

— Oh ! tout de même, Père ! cria Jocelyn.

Presque tous les discours du vieil homme étaient de nature à l'exaspérer. Mais cette façon aimable qu'avait toute la famille de s'imaginer qu'un écrivain gagnait sa vie sans rien faire le rendait fou. Becky traversa le hall en trombe, pour avaler une tasse de thé avant l'arrivée de son moyen de transport.

— Tu sors, Jocelyn ? demanda-t-elle gaiement.

— Je vais être en retard, dit Gaylord.

— Je viens, dit Papa avec lassitude.

Mais Grand-Tante Marigold tenait absolument à l'embrasser affectueusement, ou du moins aussi affectueusement que possible — avec une tasse et une soucoupe dans une main et une bouillotte dans l'autre ; cependant, où diable s'imaginait-elle qu'il pouvait bien aller, personne n'aurait su le dire.

Rose, arrivant au milieu de cette scène touchante, s'écria :

— Jocelyn ! Qu'est-ce qui se passe ?

Papa dit, d'une voix tendue :

— Je ne suis pas, comme tu pourrais le croire, sur le point d'aller chercher fortune aux Amériques. Je vais seulement acheter un paquet de tabac au village.

— Oh... c'est tout ?

Rose eut l'air déçu. Grand-Papa revint à la charge :

— Ce n'est pas la peine, je te l'ai dit. Je peux t'avancer un paquet.

— Je t'en rapporterai de la ville, si tu peux attendre jusqu'à ce soir, dit Rose.

Becky, se précipitant de nouveau dans le hall, suggéra :

— Pourquoi ne téléphones-tu pas au père Bates ? Il t'en enverrait avec la commande d'épicerie.

— Je vais être en retard, dit Gaylord.

— Je viens, dit Papa.

Il se dégagea de l'étreinte de Tante Marigold et sortit. « Quelle famille ! pensait-il. Je décide d'aller à pied au village, et en un clin d'œil ils transforment cela en un mélange de grande scène des adieux pour ténor d'opéra et de débat parlementaire. »

Il marchait à grands pas, furieux. Gaylord trottinait à côté de lui ; il se sentait en sécurité. C'était une heureuse coïncidence que Papa eût décidé d'aller au village ce matin-là. Mais ce n'était pas ce matin-là qui tracassait vraiment Gaylord. C'était ce soir-là.

Ils arrivèrent à l'école. Papa contempla la scène de carnage dans la cour. Pas étonnant que Gaylord eût des maux de tête, rien que d'y penser. De l'avis de Papa, toute personne s'aventurant là-dedans méritait la Médaille militaire.

— Tu veux que j'entre avec toi ? demanda-t-il.

Cette suggestion eut l'air d'horrifier Gaylord.

— Non, Merci, Papa.

— Tu es sûr que ça ira ?

— Sûr.

Il franchit la grille de l'école et disparut bientôt dans la mêlée, parmi les hurlements, les cris, les bousculades. Papa s'éloigna, songeur. Il décida que l'approche de l'âge mûr avait des avantages. Tout au moins savait-on que, sauf en cas de guerre mondiale, on ne risquait pas d'être plongé dans une bagarre générale de cette sorte.

Il rentra lentement à la maison.

— Alors ? interrogea Maman. Tu as appris quelque chose ?

— Rien du tout. Mais je ne suis pas surpris qu'il ait eu une rougeole invisible. Je n'entrerais pas dans cette cour de récréation pour tout le thé de la Chine. Pas sans escorte de police.

— Je pense que ce doit être la raison. Quelqu'un le brime, probablement.

— Pourtant, dès qu'il s'est retrouvé à l'école, il a eu l'air tout ragaillardi. Il s'est jeté dans la gueule du loup, presque comme s'il aimait ça.

— J'espérais que tu dirais un mot à la maîtresse.

— À propos de quoi ? Des *toilettes* ?

— Mais non, idiot. À propos du fait que, sans aucun doute, ton fils est terrorisé par quelqu'un.

Papa prit une mine contrariée. May avait raison, bien entendu. Il aurait dû voir une personne responsable. Oh ! qu'il regrettait de ne pas être un de ces hommes forts et à l'esprit pratique, qui savent exactement ce qu'il faut faire en pareil cas ! C'était le genre de mari digne d'une femme épatante comme May ; pas un bon à rien de son espèce. Il essaya de penser vite, sans grand résultat. Il avait trop l'habitude de choisir ses mots et de soigner ses phrases pour penser vite. Maman l'observait avec une tendre irritation, dans l'attente de ce qu'il mijotait. Finalement :

— Je pense que j'irai à sa rencontre ce soir et que j'essaierai de voir la maîtresse à ce moment-là. Il y a une chance qu'elle soit moins occupée, expliqua-t-il.

— Tu parais oublier que nous devons prendre le train de trois heures trente pour Ingerby.

— Comment ? (Il eut l'air saisi.) Ah ! oui. Cette histoire de brain-trust ?

— Oui, mon chéri, cette histoire de brain-trust.

Puis, à son intense soulagement, elle lui sourit :

— C'est étrange, n'est-ce pas ? On nous trouve assez intelligents tous les deux pour nous inviter à un brain-trust à Church Hall. Mais, quand il s'agit des affaires de notre enfant, nous perdons le nord chaque fois.

CHAPITRE XIII

Gaylord était une locomotive, tout bruit et toute vapeur, toutes bielles étincelantes. Il fonçait à cent à l'heure, sans défaillance, à grand renfort de *tch-tch*, ralentissait un peu en abordant la courbe dangereuse près de la réserve de coke, puis accélérait de plus en plus dans la ligne droite, le long du terrain de jeu couvert.

Il y avait un petit groupe de garçons à l'extrémité de la ligne droite. Une gare, de toute évidence. Gaylord manœuvra les leviers, tourna des manettes, scruta des cadrans d'un œil inquiet. Il ralentissait maintenant. Le *tch-tch* ralentit, s'exhala, mourut. Gaylord s'immobilisa sans un heurt, à côté des enfants. « Beau parcours, se dit-il. Une minute d'avance sur l'horaire. »

Personne ne fit attention à lui. Les enfants regardaient tous un objet que tenait l'un d'eux. Gaylord cessa d'être une locomotive et il devint un petit garçon curieux.

— Montrez, dit-il.

De mauvaise grâce, ils le laissèrent passer. Il regarda. Le soleil pâle de ce milieu de matinée semblait s'être concentré dans la main de Sammy Breen et s'y éparpiller en éclats bleus, rouges, jaunes. Gaylord resta bouche bée. Il avait sous les yeux le presse-papiers de Willie.

Il se mit à trembler. Il sentit sa main se tendre vivement, toute seule, pour saisir l'objet qui empêcherait qu'on lui réglât son compte. Mais il savait que cela ne servirait à rien. Néanmoins il ne put retenir sa voix :

— Ce n'est pas à toi. C'est à Willie.

— Et alors ? C'est à moi. (Sammy Breen cacha l'objet dans sa main.)

— Où l'as-tu pris ?

— Je l'ai trouvé.

Il avait des cheveux d'un blond roux, coupés ras, un regard fuyant, et l'air de mauvaise humeur. Ses parents, sans aucune nécessité apparemment, lui avaient dit de ne jamais se laisser faire.

Gaylord, instinctivement, devina qu'il n'y avait qu'un argument pour fléchir Sammy : l'argent. Mais, pour toute fortune, il n'avait que cinquante centimes. Avec amertume, il pensa à l'argent qu'on lui avait donné pour Noël et qu'il avait gaspillé en bonbons, en sodas et même au bénéfice du chien de la Société protectrice des animaux, qui quêtait devant la poste.

— Je t'en donne cinquante centimes, dit-il.

— Cinquante centimes ? (Sammy parut vexé.) Tu peux l'avoir pour deux francs cinquante.

Deux francs cinquante ! Ce n'était pas une grosse somme. Avec un peu de temps pour liquider ses biens personnels, Gaylord pourrait facilement se procurer ça.

— Je t'apporterai l'argent demain matin, si tu me le donnes.

— O.K., acquiesça Sammy, indifférent. T'apportes l'argent demain, t'as le truc demain.

Demain, c'était trop tard. On lui aurait réglé son compte d'ici là.

— Tu ne peux pas me le donner aujourd'hui ? demanda Gaylord.

— Pas sans l'argent, dit Sammy.

Et voilà que, sous les yeux de Gaylord, le jeune David Snow sortait deux pièces d'un franc et une de cinquante centimes et recevait en échange le presse-papiers. La cloche sonna, ils regagnèrent la classe. David s'assit pour regarder son nouveau trésor ; puis la maîtresse entra ; David rangea l'objet dans son pupitre. La leçon commença.

Gaylord était désespéré. Ce soir, dans le crépuscule d'hiver, Bert et Willie le guetteraient. Il croyait sentir encore la douleur dans son bras, une douleur d'une insupportable intensité. Et, cette fois, ce serait pire. Il voyait la lame du couteau jetant son éclair tout près de ses yeux ; ce soir, elle ne s'arrêterait pas à quelques centimètres ; elle s'approcherait impitoyablement et s'enfoncerait, tailladerait... Quand la cloche sonna à l'heure du déjeuner, il resta assis ; les autres partirent en courant, à grand bruit, et parmi eux David, sans rien prendre dans son pupitre.

Mlle Marston regarda Gaylord, hésita à lui parler, décida de n'en rien faire et sortit. Gaylord resta seul avec le presse-papiers et sa conscience. La conscience de Gaylord était encore très jeune et sans grande expérience. Tel un chauffeur débutant, elle pouvait s'en tirer sur un parcours sans histoires ; mais elle n'avait pas l'habitude de faire face aux urgences. Dans ce cas particulier, elle leva les bras au ciel comme un chauffeur de taxi égyptien et s'écria :

— Qu'Allah conduise à ma place !

Et Gaylord, abandonné par sa conscience, alla ouvrir le pupitre de David Snow. Le presse-papiers y était bien.

Gaylord referma le pupitre. Il ne pouvait pas voler. Mais ce n'était pas voler ; pas vraiment. Il s'agissait simplement de rendre à Willie ce qui lui appartenait. Il ouvrit de nouveau le pupitre.

Seulement David avait payé l'objet, ce qui, du point de vue de la morale, compliquait tout. Willie cependant n'avait pas touché l'argent.

Donc c'était toujours à Willie. Tout était clair et net. Et, en même temps, Gaylord savait bien que non, tout n'était pas clair et net, loin de là, sauf une chose, pourtant : si Gaylord ne se procurait pas ce presse-papiers, Bert lui réglerait son compte... Gaylord prit le presse-papiers, le mit dans sa poche et ferma le pupitre.

— Qu'est-ce que tu fais, Gaylord ? demanda une voix attristée.

Mlle Marston avait beau dire les *toilettes*, c'était une femme bien. Elle aimait et respectait ses élèves. Et, de tous, Gaylord était celui qu'elle aimait et respectait peut-être le plus. Elle le trouvait robuste, bien élevé, et surtout plein de caractère. Oui, cet enfant avait du caractère, et voilà qu'il avait tout à coup l'air furtif et coupable, comme un vulgaire voleur — ce que, elle le craignait fort, il était en fait.

— Qu'est-ce que tu fais ? répéta-t-elle.

Gaylord crut que son cœur allait se briser.

— Je... je prends quelque chose, dit-il.

— Tu prends *quoi* ?

Il y avait un accent tranchant maintenant dans la voix de Mlle Marston. Gaylord comprit inconsciemment que l'ancien Gaylord était mort. Le Gaylord joyeux et respectueux de soi-même était mort. À sa place, il y avait une pauvre créature que le monde et, pis encore, lui-même, stigmatiseraient comme un voleur. Les dés étaient jetés. Mais, au niveau de l'inconscient, il décida qu'il n'aurait pas à s'avouer à lui-même qu'il était un menteur, en plus. Il pouvait sauver au moins cela du naufrage.

— *Quoi ?* répéta Mlle Marston.

Il sortit le presse-papiers de sa poche et dit :

— Ça.

Peut-être, pensa-t-elle, y a-t-il une explication rationnelle. Il était impossible que cet enfant fût un voleur. Elle dit :

— C'est à toi ? David te l'a pris ?

C'était certainement cela. Il fallait savoir s'abstenir de conclusions hâtives.

Mais Gaylord répondit :

— Non, mademoiselle. C'est à David. Il l'a acheté à Sammy Breen.

Elle maudit l'honnêteté de l'enfant.

— Alors pourquoi l'as-tu pris ?

— C'est… joli.

— Oui, c'est joli. Mais tu ne l'as pas pris simplement pour ça. (Il ne répondit rien.) Tu te rends compte que cette histoire n'en restera pas là. Il va falloir que j'en parle à la directrice.

— Oui, mademoiselle.

Ils gardèrent le silence.

— Bien, reprit-elle finalement. Tu ferais mieux de le remettre en place.

Il le remit et rabattit le couvercle du pupitre. On l'avait pris la main dans le sac, et ce soir Bert lui réglerait son compte.

— Tu ferais mieux d'aller déjeuner. Nous reparlerons de cela plus tard.

— Oui, mademoiselle, dit-il en s'éloignant.

Il n'avait pas envie de manger. Elle le rejoignit :

— Mais pourquoi l'avais-tu pris, Gaylord ?

Il s'arrêta, muet. Elle attendit. Le désir qu'elle éprouvait de prendre dans ses bras ce petit être qui souffrait en silence était presque intolérable. Elle dut faire un grand effort pour le surmonter. Ils sortirent ensemble. Elle non plus n'avait pas faim.

Le déjeuner était fini, la classe de l'après-midi terminée, et Bert-au-Couteau attendait dans le sentier, prêt à sauter sur Gaylord-le-Voleur. Mais, d'abord, il faudrait recommencer à patauger dans cette sinistre histoire de presse-papiers. Ce n'était pas la faute de Mlle Marston. Ce n'était la faute de personne. Simplement, une petite poussière de malhonnêteté découverte suffit à gêner la marche normale de tout un tas de vies, pour une période indéterminée.

Mais la classe allait rentrer dans ses foyers, et la maîtresse n'avait rien dit. Elle restait là, assise, à lire, pendant que, en rang, les élèves quittaient la salle. Gaylord arriva devant la chaire. Encore une seconde, et il serait passé.

— Gaylord, appela doucement Mlle Marston sans lever le nez de dessus son livre.

Il s'arrêta :

— Oui, mademoiselle.

— Attends, dit-elle en continuant à lire.

Il attendit. Quand tous les autres furent sortis, elle le regarda. La compassion se lisait sur son visage jeune ; elle dit :

— Tu sais que mon devoir est d'aller trouver la directrice et de lui rapporter l'incident ?

Gaylord hocha la tête.

— Eh bien, je n'y vais pas. Pas aujourd'hui, en tout cas.

Gaylord se sentit soulagé. Il n'avait eu aucun plaisir à l'idée que ce Jéhovah femelle pût mettre le nez dans cette histoire.

— Non que je veuille, poursuivit Mlle Marston, t'épargner le désagrément. Mais j'ai l'impression qu'il y a quelque chose derrière ton acte et je voudrais savoir quoi.

— Oui, mademoiselle, dit Gaylord.

La réponse n'était pas d'un grand secours.

— J'ai donc décidé d'en parler à tes parents, reprit-elle. J'ai pensé que je t'accompagnerais jusque chez toi, ce soir.

— Oui, mademoiselle, dit Gaylord, moins soulagé.

Maman allait lui donner du fil à retordre, il le savait. D'un autre côté, si Mademoiselle l'accompagnait jusque chez lui, il n'aurait rien à craindre de Bert. Comme escorte, Mademoiselle serait aussi efficace qu'un détachement de gardes à cheval.

Ils partirent, sans se dire grand-chose. À mi-chemin, naturellement, ils rencontrèrent non seulement Bert, mais tous les frères de Willie. Les fils Foggerty flânaient près d'une barrière, sur la partie la plus déserte du trajet de Gaylord. À la vue de ce dernier, ils se raidirent et l'observèrent, dans un silence attentif et menaçant. Pas un instant ils ne détachèrent leur regard du visage de l'enfant. Mlle Marston les regarda nerveusement et hésita. Mais elle se dit qu'il ne fallait à aucun prix qu'elle eût l'air d'avoir peur devant un de ses élèves. Aussi continua-t-elle bravement son chemin. Gaylord, se sachant protégé, fit le faraud. Une fois passé sain et sauf, il se retourna et, solennellement, leur adressa un pied de nez.

— Quels enfants déplaisants ! dit Mlle Marston. Dommage qu'ils n'aient rien de mieux à inventer que de traîner en quête d'une bêtise à faire.

Il s'agissait bien d'une bêtise ! pensa Gaylord. C'était lui qu'ils cherchaient. Déjà il regrettait profondément l'outrecuidance qui l'avait poussé à ce geste de mépris.

Grand-Papa était dans l'enclos. Il regarda Mlle Marston avec intérêt. Gaylord le présenta :

— Voilà Grand-Papa.

— Comment allez-vous ? dit Mlle Marston. Je suis Mlle Marston, l'institutrice de Gaylord.

— Comment allez-vous ? répéta Grand-Papa, se demandant : « Qu'est-ce qu'elle vient fabriquer ici ? »

Mlle Marston dit :

— En fait je venais dans l'intention de parler aux parents de Gaylord. Quelque chose…

— Je suis désolé, ils sont à une espèce de séance imbécile à Ingerby. Ils ne rentreront pas avant onze heures.

— Oh ! mon Dieu ! Moi qui aurais tant voulu les voir !

Mlle Marston avait l'air accablé. Une impression de désastre plana sur l'enclos. Grand-Papa, qui était loin d'être un idiot, en eut conscience :

— Vous feriez mieux d'entrer.

Ils entrèrent.

— Voyons, dit Grand-Papa, est-ce que je peux vous être utile ?

Elle le regarda, hésitante. Elle tortillait désespérément le fermoir de son sac à main.

— C'étaient ses parents que je voulais voir, en fait…

— Du moment que vous ne pouvez pas les voir, avez-vous l'impression que je puisse faire quelque chose ?

Mlle Marston continuait à tortiller son sac à main. Malgré toute sa politesse, ce vieil homme l'effrayait. Un éclair a un aspect inoffensif tant qu'il ne vous claque pas sous le nez. De plus, elle prenait une initiative risquée en venant voir les parents de l'enfant. Comment prévoir les conséquences de son intervention, si elle parlait de l'incident à ce vieillard ; qui savait s'il n'exploserait pas ?

Tout pouvoir de décision lui fut retiré. Gaylord n'était certes pas fier de lui. À vrai dire, il avait même amèrement et sincèrement honte. Mais il avait un sens infaillible du drame et une insatiable curiosité des réactions des adultes face aux situations insolites. Il dit, à voix haute et claire :

— Mlle Marston m'a surpris en train de voler.

Le silence de la maison devint aussi pesant que l'air par un jour d'orage.

— Elle a fait quoi ? demanda Grand-Papa.

Mlle Marston confirma sans enthousiasme :

— Je suis revenue en classe pour y chercher quelque chose. Gaylord était seul. Je l'ai vu prendre un objet dans le pupitre de David Snow et le mettre dans sa poche.

Grand-Papa la regarda par-dessous ses sourcils froncés, comme un taureau prêt à charger. Pourtant, il dit avec douceur :

— Farce de gamin, sans aucun doute.

— Si vous aviez vu son attitude, vous auriez compris que ce n'était pas une farce.

Elle entoura Gaylord d'un bras protecteur. Il sentit qu'elle tremblait contre lui.

— Qu'a-t-il pris ?

— Un presse-papiers.

— Propriété de l'école ? demanda vivement Grand-Papa en relevant le menton d'un mouvement brusque.

— Non. Un très joli presse-papiers en verre. David venait de l'acheter à un autre enfant.

Le regard de Grand-Papa ne quittait pas le visage de Mlle Marston.

— En avez-vous informé les autorités ?

— Non. J'aurais dû. Mais j'ai eu le sentiment qu'il devait y avoir une explication, une circonstance… c'est pourquoi je voulais voir ses parents.

— C'est gentil à vous, dit-il. Très gentil. Le Ciel m'est témoin que j'aimerais bien que ce soit possible…

— Gaylord n'est pas un voleur, dit-elle.

Un sourcil se haussa :

— Croyez-vous qu'on puisse jamais dire, Mlle Marston, ce que fera telle ou telle créature humaine, en telles ou telles circonstances ?

— Non, convint-elle.

— Non. J'avais peur que vous ne fussiez trop jeune pour l'avoir déjà découvert.

— Malgré tout, je ne crois pas que Gaylord soit un voleur.

Grand-Papa se leva :

— Je raconterai à ses parents ce que vous m'avez dit, Mlle Marston. Sans aucun doute ils se mettront en rapport avec vous. (Il lui serra la main.) Merci. Merci de votre... délicatesse.

Elle se leva et lui serra la main. Puis elle se pencha pour embrasser Gaylord. Elle lui adressa un sourire qui se voulait rassurant, mais qui ne réussit qu'à être inquiet et nerveux. Grand-Papa alla lui ouvrir la porte. Il revint. Il ne regarda pas Gaylord. Il s'assit et ouvrit le journal.

Gaylord s'attarda à tripoter un buste de Milton. Il avait l'impression suffocante que, s'il ne parlait pas bientôt à quelqu'un, il allait exploser. Mais parler à qui ? À Grand-Tante Marigold ? Non. Il n'arriverait jamais à se faire comprendre et, s'il y parvenait, l'émotion pourrait la tuer. Gaylord faisait toujours très attention à ce qu'il disait à sa Grand-Tante, de peur que l'émotion ne la tuât. Tante Rose allait bientôt rentrer. Mais il n'avait pas grande envie de lui en parler. Si elle ne reculait pas d'horreur, elle le serrerait sur son cœur en l'appelant son pauvre agneau ; ni l'une ni l'autre de ces perspectives ne le séduisaient. Tante Becky était celle à qui il eût le mieux aimé se confier, d'instinct. Elle l'écouterait avec son sourire amusé, amical ; puis elle dirait : « Eh bien ! Pauvre petit imbécile ! Pourquoi a-t-il fallu que tu ailles faire une chose pareille ? » Elle lui donnerait une petite claque affectueuse et, imperturbable, elle irait retrouver un jeune homme ou un autre.

Malheureusement Becky devait aller à une soirée dansante sans repasser par la maison. Il avait entendu cela.

En fait, il éprouvait un désir très inhabituel de revoir Maman et Papa. Mais Grand-Papa avait dit qu'ils ne rentreraient que par le train de nuit.

Il ne restait donc que Grand-Papa.

À bien des égards, Gaylord avait plus de choses en commun avec Grand-Papa qu'avec ses parents. Grand-Papa et lui étaient du même type : robuste et indépendant. Ils préféraient les choses et les gens aux livres et aux idées. Gaylord regarda le vieil homme, ou du moins ce qui dépassait de lui derrière le journal :

— Grand-Papa, dit-il.

Grand-Papa jeta un coup d'œil par-dessus le journal :

— Veux-tu que nous bavardions à bâtons rompus ? Ou préfères-tu discuter de ce sacré presse-papiers ?

— Je préfère le presse-papiers, dit Gaylord pitoyablement. Est-ce qu'on va me mettre en prison ?

— Non, le rassura Grand-Papa. On ne te mettra pas en prison, autant te sortir tout de suite cette idée de la tête. Mais, à part ce point précis, je ne peux rien dire. C'est *sub judice.*

— Qu'est-ce que ça veut dire : *sub judice ?*

— Ça veut dire que nul n'oserait prononcer un mot à propos de cette fichue histoire.

— Pourquoi ?

Grand-Papa abaissa son journal.

— C'est à tes parents de décider, mon garçon. Ce sont eux qui sont responsables de ta personne. Je ne peux pas m'en mêler ; l'affaire est trop sérieuse. Ce serait aussi léger qu'inconvenant, de ma part.

— Je vois, dit Gaylord, qui ne voyait pas très bien, mais qui savait que ce n'était pas la peine de discuter avec Grand-Papa.

Le vieil homme ajouta :

— Va trouver ta Grand-Tante. Elle est quelque part par-là. Et demande-lui de te donner quelque chose de bon pour le thé. Ensuite, fais ce qui te plaît, mais ne traîne pas en attendant l'heure de te coucher.

Papa et Maman rentrèrent, grisés par leur triomphe. Ils avaient eu beaucoup de succès au brain-trust. Maman, assise dans le compartiment poussiéreux et mal éclairé, se répétait tous les mots spirituels sur le mode lugubre qu'avait eus Papa. Papa regardait Maman et mesurait quelle astuce il fallait à une femme si intelligente pour jouer le rôle d'une si charmante écervelée. Mais naturellement c'est là qu'une femme intelligente montrait toute son intelligence, justement. Elle sait que la dernière chose que souhaite un homme, c'est qu'elle se montre plus intelligente que lui. Aussi joue-t-elle la comédie pour donner à tous les mâles l'impression de les protéger, d'être compétente et bien informée. Cela réussit même, dans une certaine mesure, à désarmer un peu l'élément féminin.

Ils rentraient donc un peu grisés. La maison leur parut plus petite et plus défraîchie qu'ils ne se le rappelaient. Pas tout à fait l'endroit convenant à un auteur distingué et à sa charmante et populaire épouse. Puis ils entrèrent dans la salle de séjour, et leur euphorie s'évanouit.

Grand-Papa veillait en les attendant. Or, trouver Grand-Papa debout à pareille heure de la nuit était signe d'un désastre. À quoi ajoutait l'expression inscrite sur le visage de Grand-Papa.

— Papa ! s'écria Jocelyn. Qu'est-ce que tu fabriques ici, à pareille heure ?

— Asseyez-vous tous les deux. J'ai quelque chose à vous dire. Oh ! ne t'inquiète pas, May. Gaylord est en parfaite santé, seulement...

— Quoi ? demanda Maman, cherchant à tâtons une chaise, sans quitter des yeux le visage du vieil homme.

— Mlle Marston, son institutrice, est venue pour vous voir. Elle a surpris Gaylord en train de voler dans le pupitre d'un camarade.

— Je n'en crois rien, trancha Papa.

— Moi non plus, dit Grand-Papa. D'un autre côté, nous avons le témoignage d'une femme raisonnablement intelligente et l'aveu de Gaylord lui-même.

— Gaylord a avoué ?

— Il m'a tout raconté.

Maman, qui avait jusqu'alors gardé le silence tandis qu'une douzaine d'impressions et de souvenirs se mêlaient dans sa tête, intervint soudain :

— Willie ! C'est certainement en rapport avec Willie !

— Ce n'est pas possible, ma chérie. Willie ne fréquente même pas l'école.

— Cela n'empêche pas, Jocelyn. J'en ai la certitude. Qu'a-t-il pris, Grand-Papa ?

— Un presse-papiers en verre.

— Quoi ?

Grand-Papa fut surpris de l'effet qu'il avait produit :

— Qu'y a-t-il de si étrange là-dedans ?

Maman dit :

— Ne cherchez pas pour l'instant. Que s'est-il passé, Grand-Papa ? Il faut d'abord savoir clairement ce qui s'est passé, de A jusqu'à Z.

Il les mit au courant et ils restèrent d'abord silencieux. Puis Papa affirma :

— On peut me raconter ce qu'on voudra, Gaylord n'est pas un voleur.

— Il faut regarder la vérité en face, Jocelyn. Selon toutes les apparences, il a volé, bien qu'il soit notre fils.

— Admettons. Mais alors on a dû le pousser.

— Cela, je te l'accorde.

Grand-Papa se leva.

— Il y a longtemps que je devrais être au lit. Bonne nuit.

May se leva aussi et l'embrassa, à l'évidente satisfaction du vieil homme :

— Bonne nuit, Grand-Papa. Je suis désolée que vous ayez été mêlé à cette histoire.

— Bonne nuit, ma chère enfant. Bonne nuit, Jocelyn. (Il ajouta :) Si vous voulez l'opinion d'un vieil homme — ce dont je doute — je dirai que Gaylord n'est pas un mauvais gosse.

— Merci, Père, dit Jocelyn.

Il ouvrit la porte à son père, la referma derrière lui et prit les mains de sa femme.

— Pauvre vieux Gaylord, soupira-t-il.

— Oui, pauvre gosse.

Pourtant, l'esprit pratique de Maman laissait toujours loin derrière lui celui de son mari.

— Nous ne pouvons rien faire ce soir, évidemment. Mais, demain matin, je crois que mieux vaut le garder à la maison et essayer d'aller au fond de l'histoire.

— Oui. Un presse-papiers ! Il en voulait un pour Noël. Nous lui en avons acheté un, qui l'a laissé complètement froid. Et maintenant, voilà qu'il en a volé un !

— Willie, je te dis. Mais quel rapport peut-il y avoir entre Willie et un presse-papiers ?

— Je ne crois pas qu'il y en ait. Sinon, seul Gaylord peut l'expliquer.

Ils allèrent se coucher, feignant de tout remettre au lendemain. Mais, cette nuit-là, chacun de son côté, ils se creusèrent la tête pour trouver une explication. Gaylord, voleur ? Gaylord, leur fils, surpris à accomplir l'un des actes les plus méprisables au yeux de la société. Bien avant l'aube, Maman lui rendait déjà visite à Brixton, où il purgeait sa cinquième condamnation, tandis que Papa, avec son imagination vagabonde d'écrivain, l'accompagnait jusqu'à la cellule des condamnés à mort — et le ministre de l'Intérieur venait juste de refuser le recours en grâce, quand le réveil sonna.

CHAPITRE XIV

Seul de tous ceux que concernait l'affaire, Gaylord dormit comme un loir. Il s'éveilla frais et dispos et sa décision prise. Il déchargerait sa conscience.

Avec Maman, ce ne serait pas fini, bien entendu. En revanche, il était certain que ce qu'il avait à dire susciterait un intérêt considérable ; à quoi s'ajoutait le délicieux espoir qu'à l'avenir il aurait peut-être, pour le mener en classe et le ramener, une voiture de police munie d'un phare bleu à éclipses sur le toit. Il entendit sonner le réveil de ses parents et eut du mal à attendre le moment de se soulager de son fardeau.

L'attente ne fut pas longue. Ils entrèrent, dans la lumière grise du matin, arborant un sourire assez tendu, et se penchèrent chacun d'un côté de son lit. Maman regarda Papa ; Papa saisit l'invitation au vol, s'éclaircit la gorge et dit :

— Alors, mon vieux, qu'est-ce que c'est que cette histoire qu'on nous a racontée ?

Gaylord dit très vite :

— C'était à Willie, et quelqu'un le lui a chipé, et il a cru que c'était moi, mais ce n'est pas moi ; et Bert a dit qu'il me réglerait mon compte si je ne le lui rendais pas ; et puis Sammy Breen l'a vendu à David Snow, et alors j'ai voulu l'emprunter pour que Bert ne me règle pas mon compte.

Il s'arrêta, laissant Papa essayer de s'y reconnaître dans ce galimatias pendant que Maman, fidèle à elle-même, disait :

— Je croyais que tu étais censé ne pas parler à Willie. Voilà ce qui arrive quand on ment, Gaylord.

— Je ne lui ai pas parlé… pas beaucoup.

— Oh non ! Juste assez pour te mettre dans une situation où tu étais obligé de voler.

— Qui est Bert ? demanda Papa.

— Jocelyn ! Ne va pas chercher la petite bête ! Tu le sais parfaitement ! c'est ce gros lourdaud de frère de Willie.

L'angoisse et le soulagement mêlés rendaient Maman presque agressive, en ce matin gris.

— Oh ! Seigneur Dieu, ce type-là ! dit Papa. Comment t'a-t-il menacé, Gaylord ?

— Avec un couteau. Il me l'a quasi piqué là. (Il montrait sa gorge tendre.) Et il a dit : « Si tu ne rends pas ce truc à notre Willie, je te l'enfoncerai là. » Gaylord se renversa sur l'oreiller, satisfait. Il avait sans aucun doute captivé au moins la moitié de son auditoire.

Mais pas Maman :

— Gaylord, dit-elle, tu es sûr que tu n'es pas simplement en train d'inventer ?

Gaylord se redressa, d'un sursaut.

— Maman ! C'est vrai ! Il l'a enfoncé ici exactement.

On n'aurait jamais cru qu'un petit corps pût enfermer tant d'indignation.

Papa renchérit :

— Ta mère a entièrement raison, Gaylord. C'est très sérieux. Il faut que nous soyons absolument certains que tu dis la vérité.

— Naturellement, je dis la vérité !

— Il n'y a pas de naturellement qui tienne, dit Maman d'un ton sec. On t'a pris à voler et tu pourrais très bien inventer tout cela en guise d'excuse. (Elle le regarda avec gravité.) Mais je ne le crois pas, ajouta-t-elle doucement.

— Bien sûr que non ! s'écria-t-il, sans laisser tomber son indignation et tout en pensant que Maman n'était pas si méchante, finalement.

Papa se leva et enfonça les mains dans les poches de sa robe de chambre :

— Très bien, mon vieux. Nous te croyons. En tout cas, tu ferais mieux de rester à la maison aujourd'hui ; j'écrirai un mot à ta maîtresse.

Gaylord se renversa en arrière une fois de plus :

— Est-ce que j'irai en classe dans une voiture de police ? demanda-t-il.

Maman lui jeta un regard soupçonneux ; mais Papa expliqua :

— La police est très occupée, tu sais. Je ne crois pas qu'elle puisse assumer de nouvelles responsabilités.

Ils regagnèrent leur chambre. Maman ferma soigneusement la porte. Puis, saisissant les revers de la robe de chambre de son mari, elle se mit à pleurer comme elle n'avait pas pleuré depuis de très nombreuses années.

Quand à la fin elle put parler :

— C'est monstrueux, dit-elle. Monstrueux ! Une grosse brute pareille, terrifier un petit garçon ! Et avec un couteau ! (Elle se serra plus étroitement contre Papa.) Oh ! Jocelyn ! Il aurait pu… le tuer ! Penser… à ce pauvre gosse qui a enduré tout cela, et nous qui n'avons absolument rien fait !

Papa lui pressa la tête au creux de son épaule et attendit. Il avait besoin de réfléchir. À huit heures du matin, il n'était pas réputé pour avoir l'esprit clair. Il ne savait toujours pas, à vrai dire, ce qui était arrivé, et encore moins ce qu'il fallait faire pour y remédier. Aussi attendait-il patiemment, espérant que Maman allait lui venir en aide.

Il n'attendit pas en vain. Maman tourna vers lui un visage baigné de larmes et dit :

— Il faut que tu ailles voir Mme Foggerty.

Papa n'allait pas demander : « Et qui est Mme Foggerty ? » au risque de se faire arracher les yeux une fois de plus. Aussi fit-il mine de réfléchir profondément ; puis il dit :

— Et la police ?

Elle secoua la tête.

— Je ne crois pas que ce soit indiqué au point où nous en sommes. Je suis persuadée que Gaylord dit la vérité, mais... qu'en sait-on ? il se pourrait très bien qu'il exagère. Je crois que tu devrais voir d'abord la mère de Willie.

Excellent. Au moins cela éclairait-il l'identité de Mme Foggerty. Non que Papa fût rempli d'allégresse à l'idée d'aller rendre visite à cette dame, étant donné surtout que Maman n'avait pas l'air décidée à l'accompagner. Mais il n'était pas homme à esquiver les responsabilités.

Deux heures plus tard, il se mettait en route pour la maison des Foggerty. Quelqu'un avait planté une rangée de maisons désespérées et d'aspect citadin dans un chemin de campagne. Dans une de ces maisons résidaient les Foggerty. Papa frappa à la porte avec un air d'assurance qui était loin de la réalité. Mme Foggerty ouvrit et le considéra d'un œil des plus soupçonneux. Puis, décidant qu'il ne venait pas réclamer le loyer, l'assurance ou les versements pour la télévision, elle serra plus vigoureusement entre les lèvres son mégot, et dit :

— Entrez.

— Merci, répondit Papa, ôtant son chapeau et franchissant le seuil.

Mme Foggerty observa ce petit jeu avec une surprise et une approbation qu'elle se garda de dissimuler ; elle n'était pas habituée aux hommes qui retiraient leur chapeau et disaient merci.

— Vous êtes bien M. Pentecost ? dit-elle. J'ai entendu vos trucs à la radio.

— Vraiment ? (Papa parut flatté.)

La nécessité d'assurer une prise solide sur son mégot brouillait un peu l'élocution de Mme Foggerty, la faisant ressembler à celle d'un ventriloque de troisième ordre.

— Je trouve que faut être drôlement malin pour être capable d'écrire.

Papa sembla encore plus flatté. Dommage que certaines personnes de sa famille ne se rendissent pas compte de cette vérité.

— J'sais pas où vous allez chercher tout ça, dit encore Mme Foggerty.

— Vraiment ? Oh ! vous savez..., protesta Papa.

Mais il n'était pas venu pour discuter des mécanismes de l'impulsion créatrice, bien qu'il eût de beaucoup préféré traiter ce sujet-là.

— Je crois que vous avez un fils... Bert ? dit-il.

— Le v'là, dit Mme Foggerty.

Et, pour la première fois, Jocelyn prit conscience du cadre : un désordre confus, dont le trait le plus frappant était l'odeur ; une odeur à la fois de linge mouillé, de ragoût et de pétrole. L'élément humain consistait en un jeune homme en manches de chemise et bretelles, assis à la table de la cuisine. Bert avait, étalé devant lui sur la table, un vieux numéro du *Mirror* et y cherchait, apparemment sans succès, quelque chose d'intéressant.

— Mon petit garçon assure que Bert l'a menacé avec un couteau, dit Jocelyn.

— Hé, Bert ! (Mme Foggerty attira l'attention de son fils en lui décochant un grand coup de pied dans la cheville.) As-tu menacé le petit garçon de M. Pentecost avec un couteau ?

Bert leva les yeux :

— Non, grommela-t-il ; puis il se replongea dans sa lecture.

Mme Foggerty revint à son visiteur.

— Là, dit-elle, vous voyez ?

Elle avait joué son rôle. L'affaire était close.

C'était très difficile. De sa vie, Jocelyn n'avait jamais traité personne de menteur. Il dit, pesant soigneusement ses mots :

— Mon fils assure que c'est vrai. Et, naturellement, je crois mon fils.

— Moi aussi, je crois mon petit gars, dit Mme Foggerty allumant une cigarette au mégot.

Jocelyn ne releva pas la déclaration. Il dit :

— Votre fils a accusé Gaylord d'avoir volé le presse-papiers de Willie. Ensuite il lui a appuyé un couteau sur la gorge, en déclarant qu'il l'enfoncerait si Gaylord ne rendait pas l'objet.

— Bon, mais moi, ce que j'veux dire, c'est qu'c'est la parole de vot'gosse contre celle de mon Bert, pas vrai ? (La fumée de la cigarette lui enveloppa le visage, lui irritant les narines et les yeux.) J'veux dire que vot'gosse, ça s'peut qu'il raconte des mensonges, non ?

— Cela se pourrait, mais ce n'est pas le cas.

— Oh ! bon ! (Elle haussa les épaules.) Si vous le prenez comme ça. (Elle avait l'air plus attristé qu'en colère.) Mon gosse a été à Borstal et l'vôt' ira à Eton, j'suppose. Alors, total, c'est l'vôt' qu'a raison. Vous profitez de votre situation, monsieur Pentecost.

— Écoutez… où est Willie ? Demandez-lui s'il a jamais eu un presse-papiers.

— À quoi ça sert de lui demander ? Il se rappelle rien. (Elle regarda tristement Jocelyn.) Dites, monsieur Pentecost : vous n'avez vraiment rien d'mieux à faire que d'venir tourmenter une pauv' veuve qu'elle fait de son mieux pour entretenir un foyer et s'occuper d'un pauv' crétin ?

Jamais Papa n'avait eu à ce point l'impression d'être un salaud. Il n'avait plus qu'une envie : s'excuser de sa conduite, donner deux francs à la pauvre créature comme contribution à l'entretien du foyer, et prendre la fuite.

Puis, brusquement, il pensa à Gaylord portant tout seul, jusqu'à ce matin, son fardeau de terreur. Il se rappela les larmes de sa femme. Il vit, en un éclair aveuglant de lucidité, la violence — la violence amère et sans joie qui, dans le cours de sa vie, avait transformé un monde heureux en un vaste enfer fabriqué par les hommes pour des millions d'autres hommes. Dans cette histoire de rien du tout, dans ce microcosme, on retrouvait le même processus. S'il se tenait coi à présent, il mériterait de descendre lui aussi dans cet enfer. Il fit demi-tour, s'avança avec décision dans la pièce et frappa des deux poings sur la table.

— Vous, écoutez-moi ! dit-il.

Il se trouva en face d'un regard dont l'inhumanité le terrifia. Il y avait là un abîme que personne — prêtre, médecin ou bourreau — ne pouvait franchir. Ni amour, ni amitié, ni haine, ni châtiment n'arracheraient jamais la moindre réaction à de tels yeux. Il dit :

— Vous avez menacé mon petit garçon. Je vous avertis : si jamais vous l'approchez, je vous flanque la police aux trousses et vous l'aurez sur le dos... comme une tonne de briques.

Sa voix tremblait ; il respirait péniblement ; il y avait des larmes de rage dans ses yeux. Ce qu'il détestait le plus au monde, c'était de perdre le contrôle de lui-même. Mais il continua à se pencher sur la table, ses poings pressés contre le bois. Et les yeux sans expression continuèrent à le fixer. Puis les lèvres pâles et maladives se tordirent :

— Oh ! va t'coucher ! dit Bert Foggerty, avant de se replonger dans la lecture des nouvelles de la semaine précédente.

Jocelyn se redressa.

— Je vous ai averti, dit-il. Et ce ne sont pas des mots en l'air.

Il resta un moment immobile, se ressaisissant. Puis il gagna la porte. Mme Foggerty la lui ouvrit. Apparemment, le passé était le passé.

— Vous êtes quéqu'fois à la télé, monsieur Pentecost ? demanda-t-elle sur le ton de la conversation.

— Non.

— P't-êt' qu'ça viendra, avec d'la patience, dit-elle, encourageante. V's avez des tas de trucs à la radio, pas vrai ?

Papa regagna la maison. Maman l'attendait :

— J'ai appris autre chose pendant ton absence. Tu te rappelles comme Gaylord avait l'air malade, le jour de Noël ? Eh bien ! l'une de ces brutes de Foggerty lui avait tordu le bras.

Papa la regarda fixement :

— Mon Dieu ! dit-il.

Il était de ceux qui croient qu'il devrait y avoir un enfer spécial pour ceux qui tordent le bras des petits garçons.

Elle le dévisagea avec inquiétude :

— Chéri, je ne t'ai jamais vu l'air aussi en colère.

— C'est que je n'ai jamais été aussi en colère. Un gorille pareil, oser toucher Gaylord ! (Il en frémissait encore.)

— Écoute, il n'y a qu'un remède. Va faire une bonne marche pour te remettre les nerfs en place. Puis tu t'assiéras tranquillement pour me raconter ta visite à Mme Foggerty.

— Oui, dit-il. Oui. Dieu te bénisse, May !

Il partit, fouettant de sa canne l'herbe mouillée et grise. Chère May ! Comment l'avait-il appelée, dans ce moment de lucidité, le matin de Noël ? Épouse, mère, amie, maîtresse ? Aujourd'hui, elle était la mère qui envoie l'enfant en colère faire la paix, dans la solitude, avec son âme. Comment, se demanda-t-il, sait-elle de façon si infaillible quel rôle elle doit jouer, pour répondre à mon besoin du moment ? Comment peut-elle voir si clairement jusqu'au fond de mon cœur ?

Mais il était encore obsédé par des idées de souffrance, de violence et de cruauté. Une brute tordant le bras d'un petit garçon ; Auschwitz, Sharpeville, tout cela faisait partie du même ensemble, ne différait que par le degré. Il continuait à marcher à grands pas, cherchant une réponse là où il ne pouvait pas y en avoir. Pourtant, au fur et à mesure qu'il avançait, le rythme de sa marche, la route rugueuse et familière sous ses chaussures et le jour d'hiver, gris, immobile et mort, lui apportaient chacun son réconfort. Si bien que, rentré chez lui, faute de la réponse souhaitée, il avait trouvé en lui-même une certaine paix, et il savait qu'il ne pouvait espérer davantage.

Il avait aussi décidé que, dans l'immédiat du moins, Gaylord ne devrait plus sortir seul des limites du jardin. Lui, Jocelyn, le mènerait à l'école et l'en ramènerait. May et lui, ils emmèneraient l'enfant pique-niquer quand le temps serait meilleur. En tout cas, il ne fallait plus que Gaylord sortît seul. C'était une chose infernale, mais une menace planait maintenant sur ce paysage tranquille et bucolique. La violence arpentait les chemins, rôdait dans les champs. Et bien qu'on pût penser, gardant le sens du relatif, qu'il était peu probable qu'un adolescent comme Bert s'amusât à poursuivre une vendetta contre un petit garçon, c'était un sujet à propos duquel on ne pouvait se permettre de prendre le moindre risque.

CHAPITRE XV

Le printemps fit une entrée triste et froide ; les agneaux frissonnaient comme de jeunes garçons assistant à un match de football ; les jonquilles offraient leur nudité au vent d'est ; la rivière était glacée et grise comme le Léthé, et les corneilles, malgré leurs protestations, s'éparpillaient aux quatre coins du ciel. Puis, brusquement, tout changea. L'air devint doux et une quiétude aimable plana sur toute la campagne. Le soleil vernit les troncs des arbres. La rivière étincela. Le ciel se peupla de nuages multicolores. Et ce n'était qu'un début. Les bouleaux argentés revêtirent leurs robes d'un vert tendre ; l'aubépine éparpilla ses flocons de neige sur l'herbe ; les ciels dramatiques d'avril dominèrent le pays. Et May et Jocelyn se promenèrent, émerveillés, s'écriant comme chaque année : « Sûrement, aucun printemps n'a jamais été aussi charmant ! »

Pour Rose, en tout cas, c'était vrai. Rose, pour la première fois de sa vie, avait la révélation des joies de l'amour partagé. Bobs, après des préliminaires difficiles, était devenu vraiment attentionné. À vrai dire, Rose ne l'avait pas souvent seul pour elle. Mais avec Becky et Peter, ils formaient un quatuor assez satisfaisant. Ils jouaient au tennis, faisaient de longues promenades en voiture pendant les soirées paisibles, dînaient dans de douillettes auberges rustiques à la lueur de bougies. Et parfois, en ces moments de bonheur, Bobs lui prenait la main et même l'embrassait avec l'air d'y prendre plaisir. Ah ! c'était magnifique, et Rose s'épanouissait comme les bourgeons dans la campagne, vivant pour l'instant présent, sachant au fond du cœur que c'était là quelque chose qui ne durerait pas ; car elle portait, écrits sur elle, les mots de « vieille fille ». Et, tout au fond de son cœur, elle savait aussi d'autres choses. Elle savait que Bobs ne l'aimait pas réellement et qu'en tout cas il n'était pas de la race des maris. Oui, elle savait que cela ne durerait pas, et elle ne croyait même pas désirer le contraire. Mais c'était sa dernière chance. Elle cueillerait autant que possible les rares roses tardives avant l'arrivée des gelées.

Gaylord aussi se délectait du printemps. Tantôt Grand-Papa et lui arpentaient ensemble la ferme, la petite main de Gaylord emprisonnée dans le gros poing calleux du vieil homme ; tantôt il partait à l'aventure avec Maman et Papa, pataugeant jusqu'aux genoux dans un lac de jacinthes ou contemplant, plongé dans les longues rêveries de l'enfance, la rivière murmurante.

Bien sûr, il ne l'eût jamais reconnu, mais il était plutôt soulagé d'être escorté partout où il allait. Cela lui conférait un sentiment d'importance, malgré tous les efforts de ses parents pour donner à la chose un air naturel. Mais, profondément, il avait vraiment peur des jeunes Foggerty. C'était une bande de gosses dangereux, destructeurs, avec autant de griefs contre le monde que d'idées en tête ; vus au niveau de Gaylord, ils avaient tous deux mètres de haut, et c'étaient d'impitoyables tueurs. Il savait que s'il les rencontrait seul, il succomberait sous le nombre, la vitesse et la force, et que la souffrance qu'il avait éprouvée des mains de Willie serait multipliée par mille. Ce dont il ne pouvait même pas supporter l'idée.

Mais il y avait une ombre au tableau. Son affection pour Willie, normalement doux et simple, était très réelle, et il se tourmentait de ne plus voir son ami. De plus, il oubliait la douleur du bras tordu pour ne se rappeler que la détresse presque animale de Willie quand il avait perdu son bibelot. Willie était devenu son souci majeur. Vaguement, il eût voulu compenser pour Willie l'absence d'une case, le fait qu'il vivait dans un taudis et qu'il portait des vêtements achetés sur Dieu sait quel carreau. Et le seul moyen qu'il vît consistait à aller s'asseoir dans la vieille carrière pour écouter les silences de Willie. C'était peu ; mais c'était plus que ce que tous les autres semblaient prêts à faire pour Willie.

Dans la vieille carrière, les ronces jetaient leurs longues pousses, et les fougères qui avaient commencé à vivre sous forme de milliers de minuscules crosses de bergers, vertes et tendres, arrivaient maintenant aux genoux. Tout se haussait, se poussait, se bousculait, comme chaque été, dans la ruée annuelle pour se faire une place au soleil. L'été. Un été qui, jusque-là, n'était que gaieté. Les transatlantiques étaient installés dans le verger. Papa écrivait assis, le chaud soleil sur la joue. Gaylord, étalé dans l'herbe, dessinait. Maman, installée à l'ombre, indolente, satisfaite, sentait la vie nouvelle s'agiter en elle et avait conscience d'être en harmonie avec la nature bouillonnante et féconde. Il y aurait aussi une moisson dans son foyer. Les rides légères du rire se creusèrent autour de ses yeux clos. Papa, qui l'observait, dit :

— Deux sous pour connaître tes pensées, May.

Elle ouvrit les yeux, lui adressa un sourire paresseux, plein de tendresse :

— Je pensais que Gaylord II arrivera à temps pour la fête de la moisson.

— Oh !... (Il semblait déçu.) Je croyais que ce serait plus drôle que ça.

— Le pasteur serait peut-être content de l'avoir pour faire honneur alors aux fonts baptismaux. Après tout, il fera partie des récoltes de la paroisse. (Elle eut un petit rire heureux. Papa prit un air égaré.) Ne t'inquiète pas, poursuivit-elle. Gaylord II, lui, trouve ça très drôle.

Elle ferma les yeux et se laissa aller entre la veille et le sommeil, échouée au bord de l'été comme une épave de bois au bord de la mer. Jocelyn, lui aussi, réfléchissait mieux quand il avait les yeux fermés.

Gaylord s'éloigna silencieusement, rampant sur le ventre comme un Peau-Rouge ou un serpent. Ayant réussi son évasion, il s'arrêta. Il voulait voir son ami, mais il ne tenait assurément pas à voir les frères de celui-ci. Aussi avança-t-il prudemment. Quand il atteignit la vieille carrière, il s'arrêta pour écouter, le cœur battant.

Rien que les sauterelles, le gazouillis des hirondelles bavardes et les abeilles omniprésentes. Il se fraya un chemin à l'intérieur, sans bruit, et fut récompensé en découvrant Willie, seul. Il poussa un soupir de soulagement.

C'était agréable de se faufiler dans l'enchevêtrement de la vieille carrière et d'être accueilli par le sourire de Willie. Le sourire de Willie était chaud et bénéfique comme le soleil.

— 'jour, Gaylord, dit-il. J'te croyais parti, ou quelque chose comme ça.

— Non. J'étais occupé, répondit Gaylord, creusant machinalement un trou dans le sol sablonneux.

Le soleil était brûlant. La carrière exhalait une odeur de sable chaud, de rocher, de digitale et de fougère. Gaylord grimaça dans la lumière éblouissante un sourire à l'adresse de Willie. Il était heureux que Willie fût redevenu comme avant et que tout fût oublié. L'après-midi avançait lentement. Ils parlèrent peu. Mais ils étaient contents d'être ensemble ; ils goûtaient les longs silences. Willie finit tout de même par dire :

— Tu connais not' Bert ?

Gaylord sentit son estomac se contracter. Il hocha la tête.

— Il va te régler ton compte, expliqua Willie.

Gaylord concentra son attention sur le trou qu'il creusait.

— Pourquoi ? demanda-t-il.

— T'as été malpoli. Et ton père aussi.

Willie avait un accent de reproche dans la voix. Gaylord regretta plus que jamais son pied-de-nez. Il continua à creuser.

— Tu connais not' Dave ? poursuivit Willie.

— Oui, dit Gaylord lamentablement.

— Il te réglera ton compte lui aussi. T'as été malpoli, et ton père aussi.

Les ombres s'enfonçaient maintenant profondément dans la carrière.

— Tu connais not' Mike ? dit encore Willie.

C'était sans issue. Tout le rayonnement s'était évanoui. Gaylord se releva.

— Il faut que je m'en aille, Willie, déclara-t-il, souhaitant de tout cœur n'être jamais venu.

Willie eut l'air déçu.

— Tu viens jamais plus maintenant, Gaylord. Et quand tu viens tu restes pas.

Gaylord épousseta le sable sur son short.

— Mon père n'est jamais malpoli, dit-il.

— Not' Arthur dit que si, affirma Willie. Il te réglera ton compte à cause de ça.

Becky, allongée sur l'herbe, était, des pieds à la tête, couleur de noisette, sauf, probablement, sur les quelques centimètres carrés que couvrait son bikini. Rose, que le soleil ne réussissait qu'à rendre terne et tachée de rousseur, bavardait à l'ombre, avec Bobs, qui l'écoutait en regardant Becky. Peter regardait aussi Becky, comme Tante Marigold et Grand-Papa. Tante Marigold pensait qu'on ne voyait pas ce genre de choses dans son jeune temps ; Grand-Papa pensait la même chose, et en plus que c'était bien dommage, tonnerre ! Ils restaient là, assis, étendus, vautrés, satisfaits, tandis que le soleil progressait vers son déclin avec une lenteur louable, à travers le ciel sans nuages. Seules les abeilles travaillaient, les pauvres idiotes, et le bruit de leur labeur était juste ce dont l'homme oisif a besoin pour le bercer et le plonger dans le sommeil.

C'était un après-midi d'une sérénité rare. Une de ces journées où la chaleur du soleil s'infiltre jusqu'au cœur. Bobs dit doucement à Rose :

— Qu'est-ce que vous diriez d'une promenade, dimanche ? Nous prendrions de quoi pique-niquer pour le thé, si vous voulez. On s'arrêterait sur le Beacon.

Elle pouvait à peine en croire ses oreilles.

— Vous voulez dire : nous deux, seuls ?

— Oui. Qu'en dites-vous ?

— Bobs, j'en serais ravie. À quelle heure viendrez-vous me chercher ?

— Deux heures et demie ?

— Oui. Je serai prête.

« Tu parles ! » pensa-t-il en regrettant qu'elle ne rendît pas la poursuite un peu plus excitante. Pauvre vieille Rose ! Il ne restait rien d'elle, tant elle se décarcassait pour plaire ! Ça gâchait tout le plaisir.

Finalement, le soleil atteignit l'ouest. Une petite brise fit frémir les feuilles du verger. Haut dans le ciel, deux oiseaux regagnèrent leur nid. « C'est tout pour aujourd'hui », dirent les abeilles, et elles rentrèrent à la ruche. Les humains se levèrent, bâillèrent, frissonnèrent. Drogués, assoupis par le soleil, ils se replièrent lentement vers la maison, traînant leurs transatlantiques derrière eux. Seul Papa regarda en arrière. Il ne restait plus rien de la longue paix de cet après-midi d'été ; rien que quelques empreintes sur l'herbe, un livre ouvert sous les arbres et l'étoile du soir, plus dorée de minute en minute, qui venait rassembler au foyer tout ce que le jour brillant avait éparpillé.

Tout ? *Tous ?* « Dieu du ciel, où est Gaylord ? » pensa Papa en entrant dans la maison. Il avait vaguement l'idée qu'il avait été avec eux tout l'après-midi. Et pourtant il ne l'avait pas vu, quand ils avaient commencé à se replier. Il se hâta de regagner le verger.

Gaylord était si absorbé par son papier et ses crayons qu'il ne remarqua Papa que lorsque celui-ci lui adressa la parole.

— Tu… tu n'as pas été là tout le temps ?

Le regard d'étonnement de Gaylord donna à Papa l'impression qu'il avait lui-même à demi perdu l'esprit.

— Je dessinais, dit Gaylord.

— Oh ! dit Papa, l'air perdu. Eh bien, tu ferais mieux de rentrer. Il commence à faire frais.

Il suivit pensivement Gaylord dans la maison. Vraiment, il fallait absolument essayer de ne plus être aussi distrait. Ne pas remarquer son propre fils !…

CHAPITRE XVI

Rose pensait que le dimanche ne viendrait jamais. Mais il finit par arriver. À l'heure du petit déjeuner, le soleil avait pris de la force, les oiseaux chantaient, les abeilles bourdonnaient, les poules caquetaient avec satisfaction, la fumée montait, bleue et droite, des cheminées des petites maisons. Oh ! quelle matinée parfaite, exquise ! Il y avait de la joie dans la minuscule araignée pressée de tisser, dans la grosse mouche aux reflets métalliques, dans le poisson frais au regard immobile au milieu du courant, dans le bétail marbré et tacheté de soleil qui descendait le sentier, en route vers la traite, dans le ver qui se frayait un chemin vers la lumière et dans le soleil qui déversait ses rayons. De la joie sur terre et certainement au ciel, devant une création aussi satisfaisante ; de la joie peut-être par-dessus tout dans le cœur de Rose, qui se préparait à passer l'après-midi seule avec l'objet de son amour.

Et si elle s'était trompée sur son compte ! Et s'il lui demandait de l'épouser ! Oui, c'était bien là ce qu'elle désirait, en réalité. Cependant, même si ce n'était pas le cas, ils seraient seuls, ensemble, au sommet du Beacon, entre ciel et terre, avec les alouettes et l'azur au-dessus d'eux, et le monde des hommes, comme une fourmilière, très bas au-dessous d'eux. Ils seraient seuls ! C'était une pensée presque intolérable, tant elle promettait de joie.

Au lieu de s'installer aussi discrètement qu'une souris, comme d'habitude, à la table du petit déjeuner, Rose fit une entrée remarquée.

— Oh ! quelle matinée délicieuse, délicieuse ! s'écria-t-elle.

— Il y a de l'orage dans l'air, dit Grand-Papa, sans lever les yeux de l'*Observer*.

Le cœur de Rose s'alourdit comme du plomb. Mais celui de Gaylord se gonfla :

— Tu crois que nous aurons de l'orage, Grand-Papa ?

— Je serais surpris du contraire.

Les yeux de Gaylord brillèrent. De toutes les choses qui lui étaient arrivées dans sa jeune existence, les orages étaient peut-être ce qu'il y avait de plus enchanteur. Il y avait tout le bruit souhaitable, et, jusqu'à présent, personne, pas même Maman, n'avait essayé de l'en rendre responsable. C'était gratuit ; on n'avait pas à décider si on préférait un orage ou un quart de bonbons à la menthe. Et les femmes en avaient une terreur affreuse. Même Maman avait l'air un peu éteinte, quand il y avait du tonnerre.

Mais les paroles de Grand-Papa avaient abominablement déprimé Rose. Elle savait, d'expérience, que Bobs n'était pas homme à traiter les éléments à la légère. On ne risquait pas d'attirer Bobs au sommet du Beacon pendant un orage. Elle avait la sensation absolument instinctive qu'aujourd'hui serait un tournant décisif. S'ils partaient tous les deux seuls en pique-nique, eh bien, il pourrait se passer n'importe quoi. Mais si quelque chose se mettait en travers, ce serait la fin de leur idylle. Elle s'étiolerait, périrait d'inaction et d'occasions manquées. Pourquoi avait-elle cette intuition ? Elle n'en savait rien. Pure imagination, naturellement. Elle devait être surmenée. Mélancolie de fin de trimestre, eût-elle pensé, s'il n'y avait eu encore deux mois à courir avant la fin.

Le petit déjeuner terminé, elle monta en courant dans sa chambre et regarda par la fenêtre. Toujours la même matinée délicieuse. Père devait se tromper. Il jouait au cul-terreux qui s'y connaît. Mais non, dut-elle admettre. Père avait une trop forte nature pour jouer la comédie, hormis ses :

« Je ne suis qu'un vieil homme, on ne me dit jamais rien », qui ne trompaient personne. Et il y avait effectivement une ligne de nuages blancs, très bas à l'est sur l'horizon. Elle alla tapoter le baromètre. Il descendait ; elle fut sur le point d'en pleurer de déception et de pitié pour elle-même. Si, après une aussi belle semaine, il se mettait à pleuvoir, elle considérerait cela comme un affront personnel.

Mais elle ne voulait pas penser à la pluie. Elle concentrerait toute son énergie et sa pensée sur la préparation du pique-nique.

Dans la cuisine, elle rendit presque folle Maman, qui s'occupait du déjeuner du dimanche. Partout, Maman se heurtait à Rose coupant des concombres, étalant du pâté de foie gras, réduisant des tomates à l'état de purée sanglante ; ou alors à Grand-Tante Marigold ne faisant rien de précis et, à l'inverse de la Chambre des lords, ne le faisant pas très bien ; ou encore à Becky, qui regardait les sandwiches de Rose, minces comme des feuilles, et disait :

— Ce n'est pas pour un homme, que tu fais ces choses transparentes, ma chérie ?

— Si, dit Rose, continuant à couper et rougissant de colère.

— Mais, ma chérie, il s'en fourrera trois dans le bec à la fois, sans même se rendre compte qu'il mange. Comme une énorme baleine avalant du plancton.

— Fiche-moi la paix et occupe-toi de ce qui te regarde ! s'écria Rose.

— Tu es bien fière ! dit Grand-Tante Marigold.

— Mais je ne cherche qu'à t'aider, ma chérie. Un sandwich, pour un homme, c'est un énorme pavé à deux étages avec cinquante grammes de beurre et un quart de jambon au milieu.

C'est une loi de nature qu'aucune cuisine, si vaste soit-elle, n'est assez vaste pour contenir deux femmes, à plus forte raison quatre. Et, quel que fût le temps à l'extérieur, il y avait déjà plus qu'une menace d'orage dans la cuisine. Maman, qui avait ses propres ennuis avec Gaylord II ce matin-là, dit :

— Je voudrais bien que vous cessiez de vous chamailler, toutes les deux.

— Nous ne nous chamaillons pas, protesta Rose. Mais Becky est exaspérante et se mêle de tout, comme d'habitude.

— Ma chère sœur ! dit Becky avec un sourire indulgent.

Gaylord entra :

— Est-ce que je peux avoir un sandwich, Tante Rose ?

— Non.

— Mais je meurs de faim.

Rose ne répondit rien.

— Ils n'ont pas l'air très gros, dit Gaylord. Qu'est-ce que c'est, ce truc gris ?

— Du pâté de foie gras.

— Ça sent rudement mauvais, constata Gaylord.

— Personne ne t'a demandé ton avis, dit Tante Rose.

Maman prit le commandement :

— Cesse d'ennuyer tout le monde, Gaylord. Sors d'ici, je ne veux pas te voir enfermé par une belle matinée comme ça.

— Ce n'est pas une belle matinée. C'est tout nuageux et affreux maintenant.

Rose laissa tomber ce qu'elle tenait et courut à la fenêtre. Gaylord avait raison. Le soleil, qui avait brillé si joyeusement, était voilé et trouble, comme les yeux d'un poisson rouge agonisant.

Maman regarda Gaylord :

— Dehors ! dit-elle, avec cette ténacité opiniâtre qui était, pensait-il, un des traits les moins séduisants du caractère de sa mère.

Il sortit, ses minces épaules exprimant la désapprobation.

— Je regrette que nous n'ayons pas pensé à lui donner un sandwich, dit Tante Marigold avec vivacité. Son père courait toujours après les sandwichs à son âge.

— Il n'a pas changé, ironisa Maman (qui ajouta en elle-même : « Je parie que Gaylord II en voudrait bien un aussi, à en juger par la comédie qu'il fait »).

Le déjeuner était terminé, la table débarrassée. Rose regardait le paysage qui s'assombrissait. Si seulement l'orage n'arrivait pas avant deux heures trente ! Si seulement ils pouvaient au moins partir en voiture avant que le ciel se fâchât !

Car, pour ce qui était de se fâcher, il allait certainement le faire. Depuis un moment déjà, le tonnerre grondait et grognait dans le lointain, faisant monter la tension dans la pièce comme seul peut le faire un orage. L'estomac de Gaylord palpitait à la manière d'un oiseau pris au piège. Ses genoux bronzés tremblaient. Il réagissait tout comme la terre silencieuse, dans l'attente. Mais il aimait ça. Il traversa la pièce et rejoignit son grand-père devant la fenêtre. Il enfonça les mains dans les poches de son short. C'était le genre d'occasion où les hommes prennent le commandement, une occasion à ne pas laisser passer.

— Je ne peux pas comprendre qu'on ait peur de l'orage, dit-il sur le ton de la conversation.

— Non ? répondit Grand-Papa.

— Moi, je n'aurais pas peur si la foudre tombait sur la maison.

Gaylord regarda Grand-Tante Marigold, dont les vieux doigts fourrageaient dans le flacon d'aspirine. Il regarda Tante Rose, dont les yeux pleins d'appréhension ne cessaient de revenir vers la fenêtre.

— Où est Becky ? demanda Grand-Tante Marigold.

— Dans sa chambre. En train de se peinturlurer, dit Rose avec amertume.

— Elle ne devrait pas sortir, dit Grand-Tante Marigold.

Au même instant, Becky entra. Elle portait une espèce de robe vaporeuse et une immense capeline. Elle découvrit ses dents blanches en un sourire éclatant. Gaylord la regarda avec approbation. Mais Grand-Papa lança d'un ton acide :

— Si tu sors, tu ferais mieux de mettre des bottes et un imperméable.

— Je ne serais pas aussi jolie.

— Tu aurais l'air fichtrement plus sensée, trancha Rose.

Les deux sœurs se regardèrent.

— Ma chérie, roucoula Becky, la dernière chose qu'un homme souhaite chez une femme, c'est qu'elle ait l'air habillée de manière sensée.

Grand-Papa regarda ses deux filles avec irritation, se demandant vaguement comment il avait pu produire deux créatures si opposées. Il aurait voulu les voir mariées. Pour Becky, naturellement, ce n'était qu'une question de temps. Mais Rose ? En dépit de son teint terne, pensa-t-il, son visage avait une certaine beauté. Mais ça ne durerait pas. Dans un an ou deux, les hommes penseraient qu'elle avait de gros traits. Alors, où en serait-elle ? Pourquoi ne mettait-elle pas le grappin sur ce Bobs, avant qu'il fût trop tard ?

Ces deux imbéciles de femelles étaient toujours là à se dévisager. Comme deux tigresses. Grand-Papa ne put pas le supporter plus longtemps.

— Pourquoi diable ne filez-vous pas, si vous devez partir ? cria-t-il.

Becky lui fit la révérence et sortit, toujours souriante, laissant derrière elle une odeur de parfum et de linge frais.

— Elle va retrouver un garçon, à en croire les apparences, affirma Grand-Tante Marigold, ravie de sa perspicacité.

Maman entra d'un pas décidé, venant de la cuisine :

— Gaylord, éloigne-toi de la fenêtre. Il tonne.

C'était caractéristique. Juste parce qu'il aimait les orages, on lui défendait de les regarder.

— Grand-Papa est à la fenêtre, fit-il remarquer.

— Quand tu seras aussi âgé que ton grand-père, tu feras ce que tu voudras. En attendant…

Gaylord soupira. Maman avait toujours une réponse qui lui paraissait satisfaisante à elle, même si ce n'était pas le cas pour les autres. À présent, elle tournait son attention vers Rose :

— Ton jeune homme n'est pas encore arrivé, Rose ?

— Ça n'en a pas l'air, non ? dit Rose.

Maman, sous l'influence de Gaylord II et du tonnerre, n'était pas d'humeur à se laisser marcher sur les pieds.

— Il n'est pas très empressé, ma chère, fit-elle remarquer.

Rose ne répliqua pas. Elle baissa les yeux sur son magazine ; mais elle ne voyait qu'une ombre brouillée. Bobs n'était pas venu, et voilà que, maintenant, même May, la douce, la joyeuse, l'aimable May devenait agressive. C'était la goutte d'eau de l'amertume. Rose resta assise, tête basse, et une larme tomba sur son livre, première goutte lente et lourde de l'orage qui montait. Mais la pièce était déjà trop sombre, trop vibrante d'électricité, pour que personne la remarquât. Gaylord était sous pression comme un siphon. Bon, s'il ne pouvait pas regarder à la fenêtre, décida-t-il, il se volatiliserait. D'un pas nonchalant, il gagna la cuisine. Très doucement, il ouvrit la porte de derrière et il se trouva dehors, sous le ciel de plomb.

On sentait presque le poids des nuages sur les épaules. Ils montaient par vagues ; ils moutonnaient, noirs, sales. Un gazouillis assourdi s'échappait des haies où les oiseaux étaient tapis comme des enfants à l'église, impressionnés, nerveux, attendant que le service commençât. Le bétail avait cessé de paître. Il se tenait, compact et ruminant, au bord de la panique. La rivière luisait d'un éclat terne, comme du plomb fondu. L'arrière-plan se détachait avec une netteté inhabituelle, comme vu à la jumelle. Tout — les arbres, la flèche de l'église, les lointaines collines — s'était légèrement rapproché. Le paysage se fermait, oppressant, infiniment menaçant.

Gaylord frissonna voluptueusement. Il tira ses plans. Il ne regarderait pas le spectacle avec sa mère. À chaque éclair, elle lui mettrait les mains sur les yeux. Utilisant tout ce qui pouvait servir de couvert il courut jusqu'à la grange et se faufila dans l'obscurité sans être vu.

La grange sentait la pomme de terre, le foin, le bois coupé, et aussi l'odeur d'humus et de poussière des siècles accumulés. C'était un lieu de délices infinies. Quand Gaylord serait grand, il y vivrait ; il dormirait dans le foin grisant et mangerait sur le vieux billot. Pour l'instant, il grimpa à l'échelle pour gagner le grenier, se faufila comme un serpent à travers le foin et resta étendu à regarder, les yeux brillants, par la porte qui donnait si merveilleusement sur le vide. De là il découvrait toute la vallée où roulait le tonnerre, les méandres de la rivière, et, plus loin, le cœur noir et bouillonnant de l'orage.

Brusquement, là-bas, le zigzag de l'éclair traversa le ventre d'un nuage et perça la terre. Ce fut comme le signal marquant le début du spectacle. Soudain, le tonnerre fut au-dessus de lui, cymbales et claquements faisant le tour du ciel, mourant, puis revenant plus fort, et finalement s'éloignant parmi les collines. Maintenant, les éclairs étaient plus nombreux, plus brillants, plus proches, tout près. On eût dit des aiguilles vous partant dans les yeux. Et le tonnerre était si voisin qu'il résonnait dans la tête. Malgré ses vantardises, Gaylord eut peur. Naturellement, il ne l'eût avoué à personne, pas plus à lui-même qu'aux autres. Si bien que, quand il se rendit tout à coup compte qu'il allait avoir de la compagnie, il proféra le plus terrible des jurons : « Enfer et damnation ! » Il voyait Tante Becky courir vers la grange, tenant par la main le bon ami de Tante Rose.

Il les entendit monter à l'échelle, avec des murmures et des rires. Il se terra dans le foin, s'efforçant de ne pas respirer. Il n'avait aucune confiance dans les adultes, dans aucun adulte. Et il n'aimait pas beaucoup le bon ami de Tante Rose. Il le trouvait un peu bête. D'abord, il montrait toutes ses dents en riant, ce qui lui donnait l'air d'un cheval. Gaylord était un peu intrigué de le voir avec Tante Becky. Mais il y avait longtemps qu'il avait renoncé à attendre des adultes une conduite prévisible ; ils ne manquaient jamais une occasion de vous surprendre. Et puis, il était trop intéressé par l'orage pour réfléchir beaucoup à la question.

Quelques gouttes de pluie s'étaient mises à tomber : elles s'écrasaient sur le sol, grasses et lourdes comme des crapauds. Il entendit la voix de Tante Becky, quelque part, toute proche.

— Ça commence, disait-elle, essoufflée. Nous sommes arrivés juste à temps.

— Ça m'ennuie que vous ayez mouillé votre jolie robe, dit le bon ami de Tante Rose. Vous êtes si charmante dedans !

— Vraiment, Bobs ? (Gaylord imagina le sourire éclair qui accompagnait ces mots.) J'ai l'impression que Rose a une de ses migraines ! continua-t-elle.

— Pauvre Rose ! dit Bobs.

— Oui, pauvre Rose !

Tante Becky eut un petit rire haut perché. Puis ils restèrent silencieux.

Il pleuvait pour de bon maintenant. La pluie tambourinait sur le toit, provoquait des ruisseaux et des rigoles dans la cour de la ferme, dessinait des ronds sur la surface lisse de la rivière. Le tonnerre grondait et claquait, les éclairs illuminaient l'herbe mouillée et mille et mille flaques. Tante Becky dit d'une voix caressante :

— Il semble que nous soyons ici pour un bout de temps, Bobs.

Le bon ami de Tante Rose ne répondit pas ; mais, après quelques secondes, il embrassa Tante Becky. Et il continua à l'embrasser. Gaylord entendait cela et de nouveau, il éprouva un vague sentiment de surprise. Non qu'il blâmât le jeune homme ; sans être du genre à embrasser beaucoup, il aimait bien, lui aussi, embrasser Tante Becky.

Le plus fort de l'orage était passé. Il roulait plus loin vers l'est, ne laissant derrière lui qu'une pluie serrée. Brusquement, Gaylord en eut assez. Il avait vu tout ce qu'il désirait voir, et il était prêt maintenant à se montrer sociable. Il surgit au milieu du foin, tel Neptune hors des vagues, et, aimablement, s'approcha de Tante Becky et du bon ami de Tante Rose pour bavarder un brin.

Tout de suite il sentit qu'il n'était pas le bienvenu. Le visage de Tante Becky était très rose ; ses yeux étaient effrayés.

— Gaylord ! Il y a longtemps que tu es là ?

— Une éternité, répondit-il. J'ai presque été frappé par la foudre. Je l'ai sentie me courir tout le long du bras !

Tante Becky l'observa attentivement.

— Tu savais que nous étions là, M. Roberts et moi ?

— Oui, naturellement, je vous ai entendus monter.

— L'orage nous a surpris, dit Tante Becky. Il nous a forcés à nous mettre à l'abri.

Son grand chapeau gisait sur le foin à côté d'elle. Elle l'attrapa et se mit à jouer avec les rubans.

— Oui, je sais, dit Gaylord, un peu brutalement.

Il était peut-être très jeune, mais il n'avait pas besoin qu'on lui expliquât les choses dans le détail. Il se dirigea vers l'échelle.

— Où vas-tu ? demanda Tante Becky.

— À la maison, dit-il. (Et, pour M. Roberts :) Je préviendrai Tante Rose que vous êtes là, ajouta-t-il gentiment. Elle pensait que vous ne viendriez plus.

— Non ! dit M. Roberts rapidement. Non, ne te donne pas cette peine, Gaylord. (Il fouilla dans une poche.) Tiens, tu aimes les bonbons ? (Il lui tendit un franc.)

— Merci, monsieur Roberts, dit Gaylord poliment.

Il continua son chemin et saisit le sommet de l'échelle.

— Gaylord ! appela sa tante.

Il s'arrêta :

— Oui, Tante Becky ?

— Oh ! rien, dit-elle.

Gaylord se remit à descendre. Il commençait à se demander si Tante Becky n'était pas un peu piquée. Il traversa au galop la cour de la ferme, la pluie froide lui coulant sur la tête, les flaques lui éclaboussant les genoux. Il atteignit l'obscurité chaude du living-room.

— Gaylord, où étais tu ? s'écria Maman.

— Je regardais l'orage. De ma cachette secrète.

— Eh bien ! Tu n'aurais pas dû, dit Grand-Papa, furieux. Ta mère s'est fait un mauvais sang épouvantable. (Il frappa du poing le bras de son fauteuil.) Je n'y comprends rien. Ah ! les femmes ! Ta Grand-Tante a eu des vapeurs à cause de ce malheureux tonnerre, et voilà Rose qui s'arrache les cheveux et qui pleurniche parce que son petit ami n'est pas venu !...

Gaylord se réjouit d'être le porteur de bonnes nouvelles.

— Oh ! mais il va tout à fait bien ! Il est dans le grenier à foin avec Tante Becky, dit-il d'un ton rassurant.

L'accueil que reçut cette bonne nouvelle ahurit vraiment Gaylord. Lentement, sa tante se redressa dans son fauteuil :

— Qu'est-ce que tu dis ? demanda-t-elle. (Son teint plutôt grisâtre avait tourné au blanc. Gaylord eut l'impression qu'elle devenait plus grande et plus menaçante.) Qu'est-ce que tu dis ?

— J'ai dit qu'il allait tout à fait bien. Je pensais que tu avais peur qu'il n'ait été foudroyé, ou quelque chose comme ça.

— Si cela pouvait être vrai ! dit Tante Rose amèrement.

— Moi je l'ai été... ou presque, dit Gaylord. (Il fit la grimace, se frictionna le bras.) Je l'ai senti, là-haut. Ça me picotait.

Mais Tante Rose ne fut pas impressionnée. Elle ne paraissait pas écouter. Pas Gaylord, en tout cas. Elle écoutait des pas — des pas décidés, claquant les talons, qui approchaient, traversaient la cuisine. Puis la porte s'ouvrit et Tante Becky entra. Gaie, détendue, pimpante comme à l'ordinaire, mais avec des brins de paille dans ses cheveux couleur de paille. Tante Rose alla droit à elle :

— Où est-il ?

Becky la regarda avec un joli froncement de sourcils interrogateur.

— Qui, ma chérie ?

— Tu le sais bien. Bobs, naturellement.

— Mais, très chère, comment veux-tu que je sache où il est ? Il n'est pas venu te voir ?

— Non. Et tu veux que je te dise pourquoi ? Parce que tu l'as détourné en chemin.

— Mais quelle absurdité ! Je ne l'ai même pas vu !

C'était une révélation pour Gaylord. On lui avait toujours donné l'impression qu'il était le seul à proférer des mensonges, les adultes étant incapables de dire une contrevérité. Et voilà Tante Becky qui en racontait de raides, avec une éloquence qui forçait l'admiration.

Tante Rose, à tâtons, avait gagné la table et s'était laissée tomber sur une chaise, lourdement, comme une vieille femme. Elle avait l'air affreusement lasse :

— Sois maudite, Becky, proféra-t-elle. Tu as eu tous les hommes qui se sont approchés de cette maison. Un seul m'avait regardée. Un seul. Bobs. Le seul. Et maintenant il est à toi, lui aussi. Sois maudite, Becky.

Becky gagna l'escalier dans un froufrou.

— Je ne sais pas de quoi tu parles, dit-elle.

C'est alors que M. Roberts fit son entrée dans la pièce :

— Désolé d'être en retard, Rose. L'orage…

Il n'alla pas plus loin. Rose se tourna vers lui, comme hypnotisée. Sans le quitter des yeux, elle se leva, tandis que ses doigts tâtonnaient sur la table. Ses doigts se fermèrent sur une paire de ciseaux ; brusquement, elle se jeta sur Bobs.

— Non ! cria-t-il. Non !

Il esquiva le coup. La pointe des ciseaux fit une grande déchirure dans sa manche. Un instant, Rose le contempla, les yeux et la bouche grands ouverts ; puis elle lâcha les ciseaux et se jeta sur une chaise, agitée de sanglots convulsifs. Gaylord l'observait, fasciné. Ce dernier coup était, indubitablement, encore plus satisfaisant que l'orage. Et c'était un peu du même genre. Tout le monde était resté immobile, comme paralysé. Après quoi, soudain, tout s'était mis à bouger à la fois, avec l'éclair des ciseaux ; Grand-Papa qui criait à Rose de ne pas se conduire comme une sacrée imbécile, toutes les femmes qui hurlaient, M. Roberts qui beuglait à tue-tête. Et puis, tout à la fin, exactement comme la pluie, les larmes de Rose.

Gaylord la regarda pleurer avec un froid détachement. Sa figure était toute marbrée ; sa gorge était pleine de grognements affreux ; son visage paraissait vidé de toute expression, livré au désespoir comme si elle avait voulu mourir et n'y avait pas réussi. Gaylord décida qu'il n'épouserait jamais Tante Rose. Elle n'avait pas l'air assez soignée. Après la scène qu'elle venait de faire, il avait l'impression que ce n'était pas quelqu'un à qui il pourrait, à l'avenir, faire confiance.

Sur quoi, Maman, avec son génie consommé pour tout gâcher, l'empoigna et le tira hors de la pièce. Malgré tout, il n'était pas mécontent. Il avait passé une journée charmante. Il avait vu un orage, il avait presque été frappé par la foudre, il avait entendu Tante Becky dire des mensonges gros comme elle, et vu Tante Rose perdre la tête avec des ciseaux. Il décida que les adultes n'étaient pas toujours exactement aussi parfaits qu'ils essayaient de le prétendre. En un jour il avait appris une chose ou deux qui pourraient lui servir, la prochaine fois qu'on l'accuserait.

Deux hommes seulement avaient montré quelque intérêt à Rose : Bobs et Stan Grebbie. Deux hommes seulement avaient fait battre son cœur un peu plus vite. L'un d'eux était très loin, en train d'enseigner dans le comté de Durham. Il y avait peu de chances qu'elle le revît jamais. L'autre s'était conduit…

Elle était couchée à plat ventre sur son lit, toujours en proie à des sanglots convulsifs. On frappa à la porte.

— Allez-vous-en ! cria-t-elle.

La porte s'ouvrit. May entra, s'assit sur le lit et prit sa belle-sœur dans ses bras.

— Non, Rose, non, supplia-t-elle.

— Va-t'en ! dit Rose, essayant de se jeter de nouveau sur le lit.

May tint bon :

— Rose, ma chérie, non. Il n'en vaut pas la peine. Il n'y a pas un homme au monde qui mérite un tel chagrin (« sauf un », ajouta-t-elle en son for intérieur).

— Où est-il ?

— Il est parti. Il a jeté un coup d'œil sur la figure de ton père, et il a eu peur. Il a pris la fuite.

Rose était un peu moins violente, maintenant :

— Je ne veux plus jamais le revoir… jamais !

May tint serrée contre sa poitrine la pauvre tête en pleurs.

— Je ne peux pas dire que je te donne tort. Tu as droit à quelqu'un de mieux, ma chérie.

— Oh non ! Je suis la moins séduisante des créatures.

— Ne dis pas de pareilles absurdités, trancha May. (Les larmes de Rose recommençaient à couler. Oh ! Dieu ! pensa May, comment apporter le réconfort là où il n'y a pas de réconfort possible ? Elle serra Rose plus étroitement.) Tu devrais te déshabiller et te mettre au lit, je t'apporterai une bonne tasse de thé.

— Du thé ! C'est tout ce qu'on a à vous offrir en cas de crise !

Parce qu'il ne vous reste rien d'autre, pensa May. On a atteint le fond de l'abîme ; alors, il ne reste plus qu'à boire une bonne tasse de thé, avant d'entreprendre la longue escalade qui vous sortira du trou.

— Rose, ma chérie, dit-elle avec une grande tendresse, il faut faire effort sur toi-même.

— Pourquoi ? demanda Rose.

Elle s'était assise sur le lit. Ses épaules voûtées avaient l'air bien incapables de supporter désormais le poids du monde. La porte s'ouvrit. Becky entra. Rose la dévisagea. May l'apostropha froidement :

— Que viens-tu faire ici, Becky ?

— Je veux parler à Rose. En tête à tête.

— Va-t'en ! dit Rose.

— Plus tard, pour l'amour du Ciel, dit May.

— Je veux lui parler *maintenant*.

C'était une nouvelle Becky, impérieuse et sévère. Un long moment, elles restèrent, May et elle, à se dévisager. Puis May sortit, refermant la porte derrière elle.

— Va-t'en ! répéta Rose.

Elle était assise, la tête reposant contre le bois du lit, examinant sa sœur avec de la haine, du mépris et une lassitude infinie.

— J'étais partie à la rencontre de Peter. Je suis tombée sur Bobs, juste comme la pluie commençait. Nous avons été forcés de nous abriter.

Rose continuait de la dévisager en silence. Becky poursuivit :

— Ce n'était pas prémédité. Ce qui est arrivé est simplement dû au hasard et — je le suppose — à la rencontre de deux êtres sans grande valeur morale.

Rose la regardait toujours.

— As-tu fini ? dit-elle finalement.

— Je voudrais te demander pardon. Pas maintenant, mais un jour...

Le regard fixe se détacha très, très lentement du visage de Becky et se tourna vers la fenêtre. Au bout d'un moment, Becky fit demi-tour et quitta la pièce. Rose n'eut pas l'air de s'apercevoir qu'elle était sortie.

CHAPITRE XVII

— Se laisser peloter dans le grenier est une chose. Mettre tout à feu et à sang en est une autre.

Grand-Papa était monté sur ses grands chevaux. Becky aussi.

— Il n'était pas question de pelotage. Ne sois pas si grossier, Père. Je l'ai laissé m'embrasser, ça lui a plu, à moi aussi.

— Et à Rose aussi, quand on le lui a dit, je n'en doute pas, dit May.

— Ne vous mêlez pas de ça, dirent-ils ensemble.

— Ah ! vous croyez que je ne vais pas m'en mêler ! Je trouve que Rose a été traitée de façon abominable.

Grand-Papa détestait voir une troisième personne intervenir dans une dispute qui véritablement en valait la peine. Cela dispersait sa puissance de tir.

— Tenez-vous tranquille, May, maugréa-t-il.

— Passons, dit Becky. Comment Rose a-t-elle appris la chose ? Par Gaylord.

— Je vois ! C'est la faute de Gaylord, je suppose ?

La dispute continua. Papa, qui avait passé la plus grande partie de la journée à marcher résolument, sauf au moment où il s'était abrité dans une grange pour se battre avec une idée de roman récalcitrante, rentrait à la maison, la tête pleine de visions de dîner, de pantoufles et de pipe fumée en paix. Mais, à peine eut-il mis les pieds dans la salle de séjour, il comprit qu'il n'en serait rien. Père arpentait la passerelle du commandant, prêt à jeter tout l'équipage aux fers. Le cœur de Papa se serra.

— Que se passe-t-il ? demanda-t-il.

Grand-Papa l'attaqua :

— Où étais-tu donc, toi, juste au moment où on avait besoin de toi ?

— Je me promenais, dit Papa. Et je réfléchissais, ajouta-t-il pour s'excuser.

Grand-Papa ne cacha pas le mépris que lui inspirait cette déclaration.

— Qu'est-ce qui s'est passé ? demanda Papa.

— Je vais te le dire, moi, ce qui s'est passé. Becky a séduit le jeune homme de Rose dans le grenier à foin.

— C'est tout ? dit Papa, déçu.

S'il fallait qu'il y ait une scène de famille chaque fois que Becky entraînait un jeune homme dans le grenier à foin, alors…

— Non, ce n'est pas tout. Non, et de très loin. Après cela, Rose s'est jetée sur ce type, ce Roberts… avec des ciseaux.

— Avec des ciseaux ? (Papa était horrifié.)

— Oui, tonnerre. Elle aurait pu tuer ce pauvre petit salaud !

May dit pensivement :

— Pour un homme de loi en retraite, vous choisissez parfois vos mots d'une manière assez surprenante.

Grand-Papa lui jeta un regard fulgurant.

— Comment osez-vous critiquer le choix de mes mots, jeune femme ?

— Ne parle pas à May sur ce ton ! s'emporta Papa.

— Je ne l'ai pas séduit, dit Becky.

— Tu me surprends, dit Papa.

— Quelle chose affreuse à dire à sa propre sœur ! lança Maman.

Papa commençait à avoir la tête qui tournait un peu. Il ne semblait pas réussir à deviner qui prenait le parti de qui.

— Si vous voulez mon avis, dit-il, plus tôt Becky se mariera, mieux cela vaudra pour tous ceux que cela concerne.

Le vieil homme le regarda avec stupeur. Puis :

— Bon Dieu ! Jocelyn ! Tu viens de dire quelque chose de sensé, pour une fois ! Becky ! Ton bonhomme… il veut t'épouser, tu crois ?

— Il se trouve que je ne le lui ai pas demandé, dit Becky froidement.

— Eh bien, il est temps que tu le fasses. Plus tôt tu partiras de cette maison, mieux ça vaudra, avant que Rose ne te saute dessus ou que j'aie une dépression nerveuse. Et si tu ne le lui demandes pas, je m'en chargerai.

Grand-Papa et Becky s'affrontaient par-dessus la table. Becky tapa du poing :

— Comment oses-tu ? Me menacer de me marier à la pointe du fusil ?

— Appelle ça un mariage à la pointe du fusil si tu veux, dit son père, mais tu vas épouser ce garçon avant qu'il ne soit trop tard.

Gaylord, qui passait devant la porte à la recherche de quelque chose à manger, remonta son pantalon de pyjama d'un coup sec et se demanda ce que ça pouvait bien être qu'un mariage à la pointe du fusil. Peut-être, pensa-t-il, était-ce comme un mariage auquel il avait assisté, un jour, et où il y avait une voûte d'épées ; simplement avec des fusils au lieu d'épées ? Ça avait l'air bien, surtout s'ils tiraient tous avec leur fusil. Il pensa que c'était drôle que Tante Becky n'en voulût pas.

CHAPITRE XVIII

Peter était un jeune homme bien élevé et aimable. Becky et sa voiture de sport se partageaient à peu près également son affection. Du moment que Becky se montrait gentille, ce qui était la règle, et que sa voiture roulait sans histoire, ce qui était aussi la règle, il trouvait que le monde était un endroit où il faisait bon vivre.

Il n'y avait qu'une chose qui le tourmentait légèrement, de temps à autre — la conviction que, si jamais il en arrivait à épouser Becky, il lui faudrait d'abord demander la permission de ce volcan qu'elle avait pour père. Peter avait toujours eu pour politique de se tenir à distance respectueuse du vieil homme. La pensée d'avoir à aller vraiment le trouver pour lui faire sa demande lui glaçait le sang.

Aussi, quand le vieil homme l'accueillit à son arrivée et le fit entrer sans mot dire dans son bureau, Peter fut-il alarmé. Grand-Papa ferma la porte et dit :

— Asseyez-vous, jeune homme. Je voudrais vous dire un mot.

Peter se percha sur le bord d'un siège.

— Prenez un cigare, dit Grand-Papa avec ce qu'il voulait être un sourire amical, mais qui, pour l'imagination torturée de Peter, parut ressembler à la grimace menaçante d'un masque de guerrier africain.

Grand-Papa lui alluma son cigare.

— Est-ce que je me trompe, commença-t-il de son ton le plus mielleux, ou est-ce que vous voulez épouser ma fille, Becky ?

Sous le miel de la voix, Peter crut déceler malgré tout une épine.

— C'est-à-dire que... heu..., murmura-t-il.

S'il était une chose capable d'ôter tout miel à la voix de Grand-Papa, c'était bien la tergiversation. Tergiverser avec Grand-Papa, c'était courir à sa perte.

— Alors, oui ou non ? demanda-t-il, menaçant.

— Ou-oui, monsieur.

— Alors, tonnerre, qu'est-ce que vous attendez ? demanda Grand-Papa.

La question était si inattendue que Peter en resta stupide et muet. Puis il bredouilla :

— Vous voulez dire que… que j'ai votre autorisation, monsieur ?

— Et ma bénédiction, mon cher enfant, dit Grand-Papa, redevenu toute amitié.

— Ça alors ! C'est rudement gentil à vous, monsieur !

Grand-Papa se leva. Il mit la main sur l'épaule de Peter.

— Allez la trouver, mon garçon. Et puisse-t-elle vous donner autant de bonheur qu'elle m'en a donné à moi.

Sa voix tremblait. Il se cacha les yeux de la main. Ses propres paroles l'avaient profondément ému.

Peter, donc, se mit à la recherche de Becky qu'il trouva mollement étendue sur une balancelle de jardin, et il s'écria :

— Becky ! Le vieux dit que je peux te demander de m'épouser !

Elle se balança :

— Que tu peux ou que tu dois, Peter ?

— Comment, que je *peux*, naturellement !

— Raconte-moi ce qui s'est passé, dit-elle.

Il s'exécuta.

— Quel vieux renard ! dit-elle avec admiration.

Il s'assit à côté d'elle sur le siège.

— Veux-tu m'épouser, ma vieille ? demanda-t-il humblement.

— Oui, bien entendu, dit Becky au grand cœur. Et peu m'importe que l'idée vienne de Père. Je persiste à penser que c'est une très bonne idée.

La remarque le blessa…

— Ce n'est pas lui qui a eu l'idée. C'est moi.

— Mais naturellement, mon chéri. Six me paraît un bon nombre ; pas à toi ?

— Six quoi ?

— Six enfants, mon chou.

C'était là un aspect du mariage que Peter n'avait pas envisagé.

— Mais ils ne tiendront jamais dans la voiture, Becky !

— Vends la voiture, dit-elle, et achète un autobus.

Vendre la voiture ! Peter éprouva les sentiments d'un homme auquel un éclair vient de révéler la présence d'un terrible abîme à ses pieds. Puis il regarda Becky et décida que, pour une créature aussi belle et aussi précieuse, il vendrait sa voiture et marcherait pieds nus jusqu'à la fin de ses jours. Ce qui pour Peter n'était vraiment pas rien.

Maman dit à Papa :

— Devine un peu, Becky veut Gaylord pour page à son mariage.

Papa la regarda avec des yeux ronds :

— C'est un peu risqué, non ? Et qu'est-ce qu'on lui mettra ? Je ne veux pas qu'on le déguise en petit lord Fauntleroy.

— Je crois qu'on lui collera un kilt. Apparemment, ton arrière-grand-mère maternelle a organisé un ou deux massacres dans les Highlands ; alors tout va bien.

Papa se montra ravi. Comme la plupart des Anglais, il tenait les Écossais pour l'un des tours les plus drôles, sinon peut-être les plus subtils, du Tout-Puissant. Mais, comme tout Anglais ayant une goutte de sang écossais dans les veines, il était immensément fier de cette descendance, et, dans ses rêves secrets, il se voyait, à la Walter Mitty, avançant à grands pas, en kilt, dans les bruyères jusqu'aux jarrets :

— Un kilt, eh ! dit-il. Oui, oui, je crois que c'est tout à fait ce qui convient.

Ce fut aussi l'avis de Gaylord. Il était intrigué. Le matin du mariage, il alla une quinzaine de fois aux cabinets, fasciné par cette façon nouvelle de s'acquitter de la corvée. Malgré cela, il fut prêt bien avant l'heure, sans qu'un cheveu dépassât l'autre, et le cou bien astiqué. Maman n'en croyait pas ses yeux. Elle l'examina des pieds à la tête et ne trouva rien à reprendre.

— Qu'est-ce que tu as dans ton *sporran** ? demanda-t-elle, le sachant très capable d'y abriter n'importe quoi, depuis une souris morte jusqu'à des bonbons à la menthe.

Mais Gaylord n'en tira qu'une pièce de cinquante centimes :

— Seulement ça... pour la quête, dit-il d'un air modeste.

Papa entra, s'efforçant de paraître aussi à l'aise en jaquette et haut-de-forme gris qu'il l'était d'habitude en veste de sport et pantalon de flanelle. Gaylord le contempla avec stupeur et admiration :

— Maman, dit-il le souffle coupé, Papa est formid', tu ne trouves pas ?

— Oui, dit Maman, un peu sèchement.

Elle avait l'impression de ne pas être mal non plus ; mais personne n'avait songé à y faire allusion.

Rose entra, de son allure de somnambule, vêtue d'un bon costume de tweed et portant un chapeau à peu près aussi féminin qu'un casque de motocycliste.

* Aumônière en cuir qui se porte sur le kilt.

— Bonjour, Rose, ma chérie, dit Maman en lui tendant les mains et en souriant.

— Bonjour, May.

— Du courage, ma vieille, dit Papa, lui entourant les épaules de son bras.

Grand-Papa entra en coup de vent et s'arrêta net à la vue de sa fille aînée.

— Bon Dieu ! Rose ! Ce n'est pas un enterrement.

— Oh ! pour l'amour du Ciel, dit Papa.

— Ne t'inquiète pas, ma chérie, dit Grand-Tante Marigold. Un de ces jours, tu rencontreras l'homme de ta vie.

Papa regarda le visage de Rose. « Crénom, elle a du courage ! » pensa-t-il. Pour couper court à cette scène gênante, il dit :

— Venez. Il est temps de partir.

— Et surtout, Gaylord, n'oublie pas ! dit Maman en partant.

Elle aurait pu s'épargner cette dépense de souffle. Car Gaylord n'oublia rien. Il eut une tenue absolument impeccable tout le temps qu'il avança dans la nef, derrière sa ravissante tante et son grand-père, qui était vraiment très impressionnant. Pendant le service, il fut plus solennel que le prêtre, plus grave que le marié, plus correct que le garçon d'honneur. Maman observa l'étrange dignité de son fils avec une tendresse fière et mélancolique qui lui fit monter les larmes aux yeux. Elle découvrait un nouvel aspect du caractère de Gaylord : il savait se tenir dans les grandes circonstances.

Après la cérémonie, elle dit à Papa :

— Il a été merveilleux, tu ne trouves pas, mon chéri ?

— Qui ?

— Gaylord, naturellement. Je n'aurais pas cru qu'un petit garçon…

— Ce n'est pas fini, dit Papa. Le champagne lui déliera peut-être la langue.

Mais, à la réception, Gaylord sirota sa limonade, avec tout l'aplomb d'un diplomate dégustant du xérès. Il répondit poliment quand on lui adressait la parole. À un moment, tout seul dans un coin, il pleura un petit coup, avec gravité, en réfléchissant que, pour vieux que fût l'oncle Peter, il en avait indiscutablement pour des années avant de trépasser et de laisser sa belle veuve libre de se marier avec Gaylord.

Alors arriva le champagne. Gaylord vida lentement son fond de coupe et fit la grimace. Il regretta de ne pas s'en être tenu à la limonade. Il fut déçu aussi par le gâteau : dans son idée, une part de gâteau était une bonne et solide portion triangulaire ; ce bout, de la taille d'un petit cigare, ne pouvait servir à rien à qui que ce fût. Mais il ne se plaignit pas. Il mangea avec toutes les apparences d'un digne contentement. Maman se sentit complètement démoralisée par le mélange d'orgueil maternel, de champagne et de cette euphorie spéciale qu'engendrent les mariages. Elle en versa presque une larme sur Gaylord. Il la laissa faire, tant il était résolu à coopérer.

L'événement touchait à sa fin. Becky avait changé sa robe blanche de mariée pour un costume de voyage ; Peter, repris sa tenue de ville. L'auto les attendait. Tout le monde sortit en troupe dans la lumière d'été pour leur dire au revoir.

C'était le moment où tout le monde est heureux et a le cœur léger. Chacun parlait à perdre haleine, riait, plaisantait. Même Rose qui, bavardant avec une amie en jupe et en pull-over, avait l'air animé. Maman, une main appuyée sur l'élégante manche de Jocelyn, tenant de l'autre la petite patte chaude de Gaylord, pensait qu'elle n'avait jamais été aussi fière et heureuse de sa vie. Fière, non seulement de son mari en haut-de-forme et de son fils en kilt, mais de toute cette famille folle et délicieuse où elle était entrée par le mariage : de Grand-Papa, fort comme un bœuf et pourtant étrangement digne et imposant en ce jour exceptionnel ; de Grand-Tante Marigold, pas très sûre de l'identité du marié et de la mariée, mais douce, aimable, et polie avec tout le monde ;

de Becky, avec sa beauté chaleureuse et robuste, qui réussissait à communiquer une partie de son élan et de sa joie de vivre aux moins heureux qu'elle ; et même de Rose, qui était une fille si bien, quand on parvenait à s'ouvrir un chemin dans la jungle des refoulements parmi lesquels elle vivait.

Le brouhaha était formidable. Puis, peu à peu, il s'éteignit. Becky, qui riait à côté de la voiture, demandait le silence, du geste. À la fin, elle l'obtint. Tout le monde observa avec plaisir ses lèvres rouges rieuses, ses dents blanches, régulières ; tout le monde attendit le message.

Ce fut malheureusement à cet instant que Gaylord se rappela quelque chose.

— Maman, demanda-t-il, d'une voix haute, claire et sérieuse, pourquoi est-ce que Tante Becky a dit que c'était un mariage à la pointe du fusil ?

Le silence persista, mais il n'était plus le même. Ce n'était plus une vague attente ; c'était une curiosité dévorante.

Puis la voix calme de Maman s'éleva :

— Elle plaisantait, mon chéri.

— Mais non, Maman ! Elle a dit à Grand-Papa : « Comment oses-tu ? Me menacer d'un mariage à la pointe du fusil ? » Et il a dit : « Appelle ça un mariage à la pointe du fusil si tu veux, mais tu épouseras ce jeune homme avant qu'il soit trop tard. » Je t'assure, Maman.

— Alors, je suppose qu'ils plaisantaient tous les deux.

— Mais non, Maman ! C'était le jour où Tante Rose a poignardé son bon ami.

Tout le monde se mit à rire et à bavarder encore plus gaiement, tout en spéculant sur cet aperçu passionnant de la vie aux Cyprès. Maman murmura à Papa :

— Eh bien ! Ils auront de quoi s'occuper pendant neuf mois.

Mais Papa répliqua :

— Neuf mois ? Ma chère May, même si Becky meurt sans enfant à l'âge de quatre-vingt-dix ans, ils imagineront toujours le pire.

Rose ne trouva pas cela drôle. C'était déjà assez désagréable que la famille l'ait vue perdre le contrôle d'elle-même. Voilà que ce misérable enfant le proclamait *urbi et orbi* !... Sans un mot elle se glissa jusqu'à sa chambre, jeta par terre son ridicule chapeau et observa, l'amertume au cœur, tous ces imbéciles qui, petit à petit, se dispersaient, et s'éloignaient en riant dans leurs voitures étincelantes.

CHAPITRE XIX

Pour les grandes vacances, Maman et Papa emmenaient toujours Gaylord au pays de Galles, dans la même petite maison entre les montagnes et la mer. Papa éprouvait à ce sujet un complexe de culpabilité. Il avait l'impression de bouder parce que, vivant à une époque où le monde, ou tout au moins l'Europe, lui était offert sur un plateau, il s'obstinait chaque année à se comporter comme en 1860. Mais il se trouvait qu'il aimait ça.

Souvent, au crépuscule, au milieu d'un sentier boueux, il pensait : « En cet instant, je pourrais être en train de siroter une bonne bouteille de vin sur les Champs-Élysées, ou de contempler le Colisée. » Écoutant la berceuse de la mer ou le crépitement de la pluie sur le toit de tôle, ou l'harmonie chantante des voix galloises, il pensait : « Je pourrais être en train d'écouter le claquement des castagnettes ou le déferlement de la grande musique à Bayreuth, à Paris ou à Vienne. »

Mais il savait que, dans ce cas, il n'aurait pas éprouvé le plaisir intense et subtil qu'il prenait à revenir à un endroit aimé — la porte du cottage qui s'ouvrait sur l'odeur des géraniums, du pétrole, du bois de chauffage, de l'humidité, du papier journal, de l'encaustique et de quelques siècles d'une vie simple, terre à terre, rustique. Il n'aurait pas connu le plaisir de monter se coucher, après la fatigue du voyage, dans le grand lit sous le plafond mansardé, avec la promesse d'une longue nuit de sommeil et d'une longue journée paresseuse, le lendemain.

May, aussi, aimait cela. Le silence, la liberté, la solitude à trois, loin de la famille. Et, cette année, il y avait une attraction de plus. À la mer, loin des Foggerty, ils pourraient rendre sa liberté à Gaylord. Maman et Papa croyaient tous les deux qu'une des choses les plus profitables qui pussent arriver à un petit garçon était d'avoir pour terrain de jeux les sentiers, les champs et les plages d'Angleterre. Ils n'avaient pas osé prendre de risques, mais ils avaient eu beaucoup de mal à se décider à mettre un frein aux promenades de Gaylord autour de la maison. C'est pourquoi ils étaient tous les deux bien résolus à dominer leurs frayeurs, au pays de Galles, et à donner à leur fils autant de liberté qu'un enfant de son âge peut raisonnablement espérer.

Mais, sur un autre point, May avait des doutes. Elle possédait tant de choses : Jocelyn, Gaylord, le privilège et la promesse d'une vie nouvelle déjà vigoureuse en elle — alors que Rose, la pauvre Rose, n'avait rien. Rien du tout. Et May dit à Jocelyn :

— J'ai réfléchi. Tu ne crois pas que nous devrions demander à Rose si elle n'aimerait pas venir avec nous ? Elle est tellement malheureuse, la pauvre !

— Peut-être a-t-elle déjà d'autres projets ? répondit Papa.

— J'en doute. Et ce ne sera pas très drôle, pour elle, de rester avec ton père et Tante Marigold.

— J'aimerais mieux que nous soyons seuls.

— Moi aussi. Cela nous fait du bien, de nous sortir de la famille. Mais...

— Je sais, dit Jocelyn. Mais... Parle-lui, ma chérie.

Et May parla à Rose. Rose eut l'air reconnaissante, effrayée, et même vexée.

— Je suis certaine que vous aimeriez mieux être entre vous.

— Nous ne te le demanderions pas si nous n'avions pas envie de t'avoir avec nous.

Rose parut sur le point de fondre en larmes.

— Vous êtes très bons tous les deux.

— Ne sois pas idiote. Nous serions heureux que tu viennes.

— Bien sûr, dit Rose, son visage s'éclairant. Je pourrais garder le petit, le soir.

May eut l'envie peu charitable de taper sur la tête de sa belle-sœur ; mais elle reprit patiemment :

— Ce n'est qu'une poignée de chaumières et une chapelle. On ne peut guère parler de vie nocturne, tu sais.

— Peut-être, mais je pourrais tout de même vous libérer dans la journée.

— Écoute bien, Rose, dit May fermement. Si tu nous accompagnes, tu viens passer des vacances, en invitée. Nous ne voulons pas de toi comme bonne d'enfant bénévole ni comme femme de ménage.

— Vous êtes très bons, répéta Rose, faisant de son mieux pour paraître détendue et reconnaissante, mais incapable de dominer tout à fait la sécheresse de sa voix.

— Eh bien ? demanda Jocelyn.

— Elle viendra.

— Ma foi, tant mieux. (Il en était sincèrement heureux — pour l'amour de Rose. Il regarda sa femme.) Pourquoi souris-tu ?

— Pauvre vieille Rose ! Il a fallu d'abord qu'elle se persuade qu'elle nous rendait service, avant d'accepter.

C'est ainsi qu'ils arrivèrent. Papa ouvrit la porte — et c'était comme s'ils n'avaient jamais quitté la petite maison. Les chiens de porcelaine au coin du feu les regardaient avec une expression béate et ravie. Les géraniums fleurissaient toujours dans les embrasures des fenêtres, enfoncées de soixante centimètres dans les murs. Dans leur cadre de velours, les photographies de la tour de Blackpool, de feu M. Davies et d'un bœuf primé leur souhaitaient la bienvenue. Tout était là, tout était resté là à les attendre, toute une année longue et changeante. Papa porta les valises au premier, Gaylord partit pour la plage, Rose dit :

— Et maintenant, May, repose-toi, je vais préparer le repas. J'en ai pour deux minutes.

May se rendit compte, tristement, que Rose jouait son numéro de scout, bien décidée, pendant la quinzaine à venir, à être gaie, pleine d'énergie et serviable au-delà de toute expression décente. Si on lui donnait la moindre impression qu'on allait la laisser faire, elle les mènerait tous rondement — et Maman savait trop à quel point Jocelyn avait horreur d'être mené. La seule façon de mener Jocelyn était la sienne — la façon discrète, invisible.

Gaylord réapparut, tartiné de sable, les cheveux et la peau déjà raidis par le soleil et le sel.

— Eh bien ? dit Papa. Elle est toujours là ?

— Qui ?

— La mer.

Gaylord se rendit compte que Papa plaisantait. Il grimaça un sourire approbateur. Il aimait quand Papa faisait des plaisanteries, non pour leur valeur d'amusement, d'ordinaire assez médiocre, mais parce que c'était un signe d'entente entre eux. Puis Tante Rose appela :

— Venez. Le thé est prêt. Ensuite, je m'occuperai de la vaisselle, pendant que vous irez jeter un coup d'œil sur la grande bleue.

— Qu'est-ce que c'est, la grande bleue ? s'enquit Gaylord.

— La mer, mon chéri.

— Je ne l'ai jamais entendu appeler comme ça, dit Gaylord.

— Non, Dieu merci, soupira Papa.

« Comme c'est drôle de constater que, pour certaines femmes, la gaieté et la surexcitation se traduisent dans l'argot de l'avant-dernière génération, qui leur remonte aux lèvres du fond de l'inconscient », pensa Maman.

Mais Gaylord était déjà lancé sur une autre voie :

— Vous vous rappelez le monsieur qui était venu à Noël avec le bon ami de Tante Rose ?

— Tu veux dire Stan Grebbie ! s'exclama Rose. (Puis pour atténuer un peu sa vivacité, elle ajouta :) Je crois bien que c'était ça, son nom.

— Il est sur la plage, dit Gaylord.

— Oh ! Gaylord, ne sois pas ridicule ! intervint Maman.

Mais l'effet produit sur Tante Rose fut remarquable. L'horrible masque de girl-scout tomba de son visage ; elle s'empourpra violemment :

— Tu es sûr ? demanda-t-elle, d'un ton presque suppliant.

— 'turellement, s'indigna Gaylord.

Papa et Maman avaient vu le changement qui s'était opéré en Rose. Voilà donc d'où souffle le vent, pensèrent-ils tous les deux. Maman dit doucement :

— On ne peut pas faire entièrement confiance à Gaylord, Rose. La semaine dernière, il a vu le prince Philippe sortir du bureau de tabac de Shepherd's Warning.

— C'était lui, j'te dis, répéta Gaylord, furieux.

— Te dis-je, corrigea Papa.

— Qui, mon chéri ? demanda Maman. Le prince Philippe ou M. Grebbie ?

— Les deux, s'entêta Gaylord. (On aurait pu poser une pièce de cinq francs sur la moue de sa lèvre inférieure.)

Rose faisait de la charpie de sa serviette en papier.

— C'est une coïncidence trop extraordinaire, marmonna-t-elle, se défendant contre l'espoir et, en même temps, priant que quelqu'un se hâtât de la contredire.

Sa prière fut exaucée.

— Ces choses-là arrivent, dit Papa. Je propose que Rose aille en reconnaissance après le thé. S'il séjourne ici, nous ne risquons pas de le rater.

— Ma foi, j'irai peut-être, dit Rose, si personne n'y voit d'objection. (Un peu de gaieté forcée lui était revenue.) Ce serait vraiment une coïncidence extraordinaire !

Dès qu'ils eurent pris le thé, Rose se leva :

— Écoute, May, je fais la vaisselle, puis j'irai peut-être me promener.

— Tu vas y aller tout de suite, dit Maman, d'un ton sans réplique.

Ainsi Rose s'en fut-elle par les sentiers au crépuscule, se hâtant vers la vaste étendue de sable. « Faites que ce soit lui », priait-elle, se rappelant le sourire timide de Stan et la pression de ses doigts. « Faites que ce soit lui. »

Le soleil était près de se coucher. La mer ne bougeait pas plus qu'un chat endormi. De minuscules crabes fuyaient dans les flaques des rochers, et des méduses luisaient dans la mince dentelle qui bordait l'eau. Mais il n'y avait pas trace d'homme. On aurait pu se croire dans un monde où cette tempétueuse créature n'eût pas encore fait son apparition ; ou bien d'où elle fût déjà partie. Le sable, les rochers, la mer ; et le crabe sous sa cuirasse ; le crabe qui avait vu arriver l'homme et le verrait partir ; le crabe sous la cuirasse, presque symbole d'éternité.

Une brise froide se leva, qui repoussa l'eau des flaques dans les rochers et lança une poignée de sable piquant sur les jambes de Rose. Elle frissonna. Personne n'aurait pu l'accuser de céder aux outrances de l'imagination ; mais debout là, sur ce rivage silencieux et désert, elle eut, dans un moment de panique, l'impression d'être seule ; l'impression que, derrière elle et dans les terres, de l'autre côté de cette mer tranquille, il n'y avait brusquement plus personne. Jamais plus elle ne connaîtrait la musique des voix humaines dans une pièce éclairée. Jamais plus elle ne connaîtrait le réconfort de la présence d'une autre créature.

Elle eut envie de hurler. Elle eut besoin de la maison, besoin de se rassurer. Elle fit demi-tour et se mit à courir comme une folle. Mais le sable mou cédait sous ses pas, elle n'avançait plus, et le soleil baissait à l'horizon. Une fois la lumière enfuie, elle serait perdue. Ici, sur ce rivage gagné par l'ombre, la mer sortirait de son lit pour l'emporter sur son sein glacé. Des choses — des choses horribles, indicibles — se lèveraient des vagues...

« Je deviens folle », pensa-t-elle. La tension des mois qui venaient de s'écouler, le désespoir et le vide affreux, le souvenir de ce jour où elle s'était conduite comme une démente, l'idée qu'elle ne serait jamais sûre de ne pas se trouver nez à nez avec l'odieux Bobs, la déception finale de cette soirée — tout cela se révélait trop lourd pour elle. Elle se força à rester immobile, à cesser de patauger et de s'évertuer vainement à avancer avec des moulinets de bras, tête baissée, tout en gémissant doucement. Enfin, elle se redressa, releva lentement la tête, s'obligeant à se ressaisir.

Il y avait un homme debout en haut de la déclivité. Il se mit lentement à marcher dans sa direction, puis à courir. Elle courut aussi, mais avec légèreté maintenant. Ils se rejoignirent. Il avait un sourire radieux et stupide.

— Rose ! s'écria-t-il. C'est bien vous !

— M. Grebbie ! dit-elle, haletante.

Ils auraient dû se fondre joyeusement dans un baiser. Ils en avaient envie tous les deux. Mais ils étaient trop timides. Malgré tout, ils étaient fort proches l'un de l'autre ; ils se prirent les mains, essoufflés par leur course.

— Il me semblait bien avoir aperçu votre neveu, dit-il. Mais je ne croyais pas que ce fût possible.

Elle s'étrangla :

— Il... il a dit qu'il vous avait vu. Mais je... je ne pouvais pas le croire. Ça semblait une... une coïncidence trop extraordinaire !

— On dit que la réalité est parfois plus étrange que la fiction !

La remarque n'était ni brillante ni originale, mais Rose la trouva très adaptée à la situation. Ils continuèrent à se sourire. Il était moins gris que dans le souvenir de Rose ; il portait une chemise bleue et un pantalon de flanelle ; le vent et la mer lui avaient fouetté les joues et coloré le teint.

— Restez-vous longtemps ? demanda-t-elle.

Il la regarda tristement.

— Jusqu'à demain soir seulement.

Les yeux de Rose s'emplirent de larmes. Elle n'y put rien. Elle ne croyait pas beaucoup à Dieu ou au Destin. Mais puisque l'un ou l'autre s'était donné tout ce mal pour les réunir, M. Grebbie et elle, en ce lieu écarté, elle se disait que le responsable, quel qu'il fût, aurait pu veiller à ce que cela durât plus de vingt-quatre heures. « S'il avait organisé quelque chose au bénéfice de Becky, pensait-elle avec amertume, il se serait sûrement arrangé pour lui réserver un mois. »

Stan Grebbie lui prit le bras avec autorité et ils se mirent en marche.

— Ce n'est pas très long. Aussi, ferions-nous bien d'en profiter au maximum.

— Oui, dit-elle.

Ils avancèrent doucement en direction de la mer. Le soleil avait atteint l'horizon. Le monde, soudain, était revenu à la vie en une espèce d'éblouissement. Le ciel et la mer brûlaient comme un feu de joie. Elle observa avidement le spectacle. Puis elle se retourna et vit le reflet du coucher de soleil dans les yeux de son compagnon. Allons, ils avaient encore ce soir ! Et demain ! Vingt-quatre heures miraculeusement soustraites à une vie de célibat. C'était tout ce qu'elle pouvait espérer, plus qu'elle n'en avait espéré.

— Où logez-vous ? demanda-t-elle, brusquement heureuse, vidée d'émotion tandis que le ciel, de nouveau, se vidait de sa couleur.

— Chez des gens du nom de Williams, près de la chapelle. Mais il y a un ami qui vient me chercher demain en voiture ; nous allons visiter l'Irlande.

« Faut-il vraiment que vous y alliez ? » pensa-t-elle. Mais elle se doutait instinctivement que, pour Stan Grebbie, un arrangement était un arrangement. S'il avait dit à un ami qu'il irait avec lui en Irlande, toute la séduction des sirènes ne le retiendrait pas, pour ne pas parler de la « pauvre Rose », qui n'avait pas de charme magique.

— Vous embarquez à Holyhead ? demanda-t-elle, par pure politesse.

— Oui, nous prenons le bateau de nuit. Nous passons avec la voiture. (Mais il n'avait pas l'air, non plus, de s'intéresser à ce qu'il disait.) Comme je voudrais ne pas y aller, maintenant, Rose !

— C'est vrai ?

— Oui.

Il la prit par la taille. Elle n'en éprouva aucune crainte, aucune inhibition. Quoi que Grebbie pût faire, voulût faire, ce serait bien. Elle chassa de son esprit tous les doutes, tous les conflits, toutes les décisions. Elle leva vers lui un visage éclairé par un sourire plein d'amour et de compréhension infinis. Il la regarda avec émerveillement ; puis, gravement, il l'embrassa.

— Je te l'avais bien dit que c'était lui, tu vois, Tante Rose ? dit une jeune voix satisfaite.

D'un sursaut, ils s'écartèrent l'un de l'autre.

— J'ai su tout de suite que c'était lui, dès que je l'ai aperçu sur la plage, reprit la voix.

— Eh ! bonjour, jeune homme ! s'écria M. Grebbie, s'efforçant de son mieux de paraître ravi.

Rose, elle, ne chercha pas à cacher sa déception. Chaque minute de ces vingt-quatre heures était un joyau — un joyau qu'elle porterait toute sa vie. Elle ne voulait pas risquer d'en perdre une seule.

— C'est l'heure d'aller te coucher, Gaylord, dit-elle.

— Maman a dit que je pouvais rester encore un peu. (Gaylord citait l'autorité suprême avec satisfaction. Il se tourna vers M. Grebbie.) Vous voulez que je vous montre une grotte, monsieur Grebbie ?

— Pas ce soir, jeune homme, dit Stan.

Gaylord se mit à gambader à côté d'eux :

— Qu'est-ce qu'on fera demain ?

Ils gardèrent le silence. Ils avaient tous deux leurs projets. Mais, dans les plans qu'ils avaient élaborés au fond d'eux-mêmes, ils n'avaient ni l'un ni l'autre inclus Gaylord.

— Nous n'avons encore rien décidé, M. Grebbie et moi, déclara Rose.

— On pourrait peut-être aller en pique-nique, M. Grebbie et moi ? dit Gaylord. Maman vous préparerait des sandwiches, assura-t-il à son nouvel ami.

Rose et Stan commençaient à se rendre compte, la mort dans l'âme, que Gaylord avait de l'affection pour M. Grebbie. Et Gaylord n'était pas de ceux qui abandonnent facilement un objet de leur affection.

— Vous êtes sûr que vous ne voulez pas voir ma grotte ? demanda-t-il avec gentillesse.

— Tout à fait sûr, merci, dit Stan.

Rose fouilla désespérément dans son sac à main.

— Tiens, va t'acheter des bonbons au village.

— C'est fermé, dit Gaylord.

— Essaie tout de même.

Il se transforma en avion à réaction et partit. Ils l'observèrent.

— Il sera revenu dans dix minutes, à cette vitesse-là, constata-t-elle.

— S'il revient !

— Vous ne connaissez pas Gaylord. Les sangsues ne sont rien à côté de cet enfant. (Puis, à sa propre surprise, elle éclata de rire — un rire joyeux de jeune fille.) Oh ! Stan ! C'est tellement magnifique de vous revoir !

Mais il n'écoutait pas.

— Nous pourrions tenter un décrochage, proposa-t-il.

— Où ?

— Dans les dunes. Venez !

Gaylord fit son entrée dans le cottage éclairé par la lampe.

— Tante Rose m'a envoyé m'acheter des bonbons au village. Mais c'était fermé.

— Alors ? demanda Maman, sachant fort bien que son fils ne se contentait pas de lui transmettre une information inutile.

— Alors, j'ai pensé que tu en avais peut-être.

— Voilà, dit-elle, en lui tendant un paquet.

— Merci, Maman. (Il se dirigea vers la porte.)

— Où vas-tu ? demanda Papa.

— Porter un bonbon à Tante Rose et à M. Grebbie.

— Oh non ! tu n'y vas pas ! dit Maman. Si c'est vraiment M. Grebbie, ils n'ont pas besoin de toi !

En quoi justement, pensa Gaylord, Maman se trompait. Tante Rose et M. Grebbie avaient l'air un peu perdus, tout seuls. Sans but. Ils avaient besoin de quelqu'un pour leur montrer les rares curiosités du coin — les grottes et autres trucs comme ça.

— Ils m'attendent ! protesta-t-il, indigné.

— Gaylord, dit Maman, assieds-toi.

Il se pencha d'un air de défi sur le bord d'une chaise. Maman reprit :

— Pendant que nous sommes en vacances, nous voulons, ton père et moi, que tu aies autant de liberté que possible, parce que, à la rentrée, nous serons encore obligés de t'accompagner.

Pendant quelques trop courtes heures, Gaylord avait presque oublié les frères de Willie. À présent, il se les rappelait, et les vieilles peurs familières renaissaient en lui.

— ... Mais nous ne voulons pas que tu traînes dehors la nuit, poursuivait Maman. Et tu ne dois pas non plus infliger ta compagnie à Tante Rose et à M. Grebbie ; ils ont des tas de choses à se dire.

— Non ! protesta Gaylord. Ils ne se disaient presque rien.

Pourtant, s'il avait pu les voir à cet instant-là, il se serait aperçu non sans surprise qu'ils semblaient se passer très bien de lui. Riant et courant, la main dans la main, sur le sable mouillé et ridé, au bord des vagues, ils remontaient vers les dunes, les escaladaient et, avec des airs de conspirateurs, se cachaient dans le creux, derrière, comme des enfants. Et cependant, ils approchaient tous les deux de l'âge mûr ; ils étaient tous les deux pathétiques, légèrement ridicules, solitaires, terrifiés par les gens même ordinaires, tellement plus assurés qu'eux ; mais chacun apportant à l'autre la consolation et le réconfort qu'il désespérait de jamais découvrir. Il y avait même un symbole dans leur fuite devant un petit garçon : le symbole de leur désir de se réfugier secrètement ensemble, dans un asile à l'écart du monde cruel des hommes, chacun se faisant un bouclier et une protection de la faiblesse de l'autre.

Ils restèrent longtemps derrière l'abri des dunes, tandis que la lune, comme une grosse lanterne chinoise, voguait dans le ciel au-dessus du pays de Galles. Quand enfin ils regagnèrent la maison et les pâles lumières des cottages, ils savaient tous deux qu'ils avaient trouvé leur asile caché.

Rose rentra, marchant dans les nuages. Elle pénétra dans le cottage et cligna les yeux devant la lumière de la lampe. Jocelyn était seul au coin de la cheminée, en train de fumer une dernière pipe. Il lui adressa son sourire paresseux.

— Ou je me trompe ou c'était donc bien M. Grebbie ? dit-il.

— Oui. C'est extraordinaire, tu ne trouves pas ?

Il la regarda, en continuant à sourire. Ce qui était encore plus extraordinaire, c'était l'effet que cela avait sur Rose. Elle semblait métamorphosée. Pour la première fois, il discernait sur elle des traces de ressemblance avec Becky. Et tout cela parce qu'un maître d'école terne et plus très jeune avait surgi sur une plage déserte. Jocelyn était bon et franc.

— C'est un brave garçon, ce Grebbie, dit-il.

En toute honnêteté il ne pouvait dire plus, comme, en toute charité, il ne pouvait dire moins.

Le visage de Rose s'éclaira :

— Oh ! Je suis si contente qu'il te plaise, Jocelyn ! C'est... c'est vraiment quelqu'un de très bien, tu ne trouves pas ?

— En toute sincérité, je le préfère à l'autre. Il est là pour combien de temps ?

Le visage de Rose s'assombrit :

— Il part demain à l'heure du thé.

« Malheur ! pensa Jocelyn. Pauvre vieille Rose. » Pourtant il était vraiment temps que la chance tourne.

— Je suis désolé, dit-il.

— Moi aussi.

Elle eut un sourire mélancolique. Il soupira.

— Il ne faut pas que vous perdiez une seconde de la journée de demain.

— C'est bien notre intention, assura-t-elle avec conviction.

CHAPITRE XX

C'était un de ces matins gais et frais comme on n'en voit qu'au bord de la mer. La brise était juste un peu trop forte. Les saules frissonnaient et l'envers de leurs feuilles faisait comme une cascade de pièces étincelantes. Le ciel était parsemé de nuées à tous les étages : petits nuages dodus bondissant au ras des collines, écharpes s'effilochant sur les sommets, et plumes d'autruche volant dans les hautes sphères du ciel.

Rose et son amour déambulaient d'un pas ferme à travers le pays plat, gorgé d'eau et de roseaux. Ils avaient jusqu'à cinq heures du soir. Et au point où ils en étaient, tout apparaissait d'une terrible netteté. Dans la lumière claire et froide du matin, ils voyaient les choses comme s'ils les découvraient pour la première fois. Ils voyaient la houle joyeuse de la mer, d'un vert froid, la beauté, toute propre et simple, d'une mouette blanche se détachant sur le ciel bleu, et le jour long et vide étalé devant eux comme une route aveuglante ; et ils étaient heureux. Mais ils voyaient aussi le soleil voguer sans regret vers les eaux d'occident qui l'engloutiraient ; et ils se sentaient pris de panique.

M. Grebbie avait un vieil étui de masque à gaz plein de sandwiches et une bouteille Thermos. Ils faisaient route vers une autre plage — une plage où, ils l'espéraient, Gaylord lui-même ne réussirait pas à les dénicher.

Rose pensait : « Il parlera sûrement aujourd'hui ; il ne partira sûrement pas pour l'Irlande ; et il ne commencera sûrement pas un nouveau trimestre dans son comté de Durham sans rien dire. Je l'aime, je crois qu'il m'aime. Nous ne pouvons pas permettre que tout se termine ainsi, simplement parce que nous sommes trop timides tous les deux pour dire : "Je vous aime. Je vous veux pour le reste de ma vie." »

— Stan…

— Oui ?

— Je regrette que nous habitions si loin l'un de l'autre, dit-elle d'une voix tremblante.

— Moi aussi. Vous me manquerez, Rose.

— Vraiment ?

— Oh oui !

Ils étaient parvenus en vue de la petite baie, et ils aperçurent tous les deux quelque chose qui leur glaça le sang : un petit garçon qui pêchait dans une flaque, sur les rochers.

— Pourquoi a-t-il fallu qu'il choisisse cette baie ? dit Rose.

— Il y a une autre petite plage un peu plus loin, répondit Stan.

Ils continuèrent leur chemin. Ce n'était pas loin ; mais c'était une plage plus fréquentée, bruyante d'enfants, égayée par les couleurs éclatantes des serviettes de bain, des transatlantiques et des maillots. Il y avait même un marchand de glaces et un loueur de bateaux.

— Oh ! mon Dieu ! dit M. Grebbie. Il semble qu'il y ait foule !

Il étendit son imperméable et ils s'assirent, mais pour découvrir qu'ils occupaient la position périlleuse du joueur posté en avant et à gauche du batteur dans un vigoureux match de cricket. Ils se déplacèrent. Un chien s'approcha et les renifla d'un air dédaigneux et critique. Un enfant grassouillet, une pelle à une main, un seau à l'autre, se planta devant eux pour les considérer avec la fixité d'un hibou. Rose s'efforça de le chasser du geste, comme une guêpe. L'enfant ne réagit pas, et continua à les dévisager. Il avait l'air capable de rester là des jours et des jours.

— On se croirait à Brighton, dit Rose, avec un rire qui tenait du sanglot.

Stan posa sa main sur celle de Rose et regarda avec inquiétude autour de lui. Mais il ne semblait pas y avoir de fuite possible. À droite de la baie minuscule et surpeuplée, il y avait le fidèle Gaylord ; à gauche, un éboulis de pierres grimpant vers un cap lointain ; derrière, l'étendue plate, marécageuse, hérissée de roseaux. Il était déjà midi. Il devait tout de même exister un endroit où trouver la paix et la solitude, sans avoir à retourner jusqu'à la plage déserte de la veille !

Soudain il eut une idée :

— Je sais ! Prenons un bateau !

— Oh ! Stan, ce serait délicieux !

Rose, qui avait pris un air incroyablement malheureux, s'illumina du coup.

Mais aussitôt M. Grebbie était repris par le doute.

— Je ne suis pas très bon rameur, disait-il. Heureusement la mer a l'air plutôt calme.

— Un vrai lac ! Venez !

Ils se hâtèrent en direction des barques. Le loueur se mit en devoir d'en tirer une vers l'eau. Soudain Rose sursauta :

— Ne regardez pas ! Gaylord est juste en train de contourner la pointe.

— Seigneur Dieu ! dit Stan.

Fiévreusement, Rose et lui se mirent à pousser l'embarcation vers la mer, à la grande fureur du loueur de bateaux, qui n'était pas d'un naturel rapide.

— Qu'est-ce qui vous prend ? Ce n'est tout de même pas le canot de sauvetage que nous mettons à la mer, non ?

Sans s'arrêter à cela, ils se dépêchèrent de patauger pour monter à bord. Les rames, aux mains de Stan, tourbillonnèrent comme des sémaphores affolés. Finalement, il parvint à les fixer dans les tolets. Il était prêt à souquer dur et longtemps.

Au même instant, ils entendirent un cri déchirant :

— Tante Rose ! Attends-moi ! Tante Rose !

Rose se figea, mais ne se retourna pas. Grebbie se mit à contempler avec une attention féroce l'extrémité de sa rame droite.

— Tante Rose ! Attends ! (Le cri était plein d'angoisse.)

Rien à faire. Elle se retourna. Tel un requin attiré par l'odeur du sang, Gaylord fonçait à travers les vaguelettes. Vaincus, ils le hissèrent à bord. Il s'assit, essoufflé, avec un sourire radieux.

— Quelle veine ! dit-il. Une chance que je vous ai vus par hasard.

— Pour qui, la veine ? demanda Tante Rose, d'une voix mauvaise.

— Pour tout le monde ! dit Gaylord.

Veine pour lui parce qu'il aimait les bateaux ; veine pour Tante et M. Grebbie, parce que c'eût été plutôt triste pour eux de ramer comme ça, tout seuls. Il regardait Stan avec admiration.

— Je ne savais pas que M. Grebbie ramait.

M. Grebbie aussi l'ignorait. Et cependant, bien que ses coups de rame lui parussent parfaitement inefficaces, il était surpris de voir combien ils étaient déjà loin. La petite baie se fondait maintenant dans la longue ligne de la côte, derrière laquelle se dressaient les collines violettes. Rose regarda en arrière.

— Je crois qu'il serait temps de nous arrêter pour manger nos sandwiches, dit-elle.

— Oui, dit Stan, soulagé.

Rose regarda sa montre : deux heures ! Ils étaient partis à onze heures ; encore autant, et ce serait la fin de cette délicieuse journée. La fin de tout, c'était trop !

— Stan..., dit-elle.

Il entendit la voix de Rose se briser. Il la regarda. Elle le contemplait avec une tendresse suppliante qui le bouleversa.

Gaylord, penché sur la poupe, laissait traîner les mains dans l'exquise froideur de l'eau. On n'apercevait de lui que des jambes robustes et un fond de short kaki. C'était maintenant ou jamais :

— Rose, murmura Stan d'une voix pressante. Rose, je vous aime. Voulez-vous...

Il se pencha en avant pour lui prendre la main. La rame droite, libérée du même coup, glissa doucement dans l'eau, flotta et s'éloigna à une vitesse surprenante.

Gaylord avait entendu le *floc* dans l'eau. Il se retourna et embrassa d'un coup d'œil joyeux l'ensemble de cette très intéressante situation.

— Comment avez-vous fait, monsieur Grebbie ? demanda-t-il. Vous l'avez lâchée, dites ?

Tante Rose lança :

— Tais-toi, Gaylord ! Laisse réfléchir M. Grebbie.

M. Grebbie réfléchit :

— Il faut absolument la rattraper, gémit-il.

Il avait vu des gens se propulser en bateau en godillant avec une seule rame à l'arrière. Il essaya. L'entreprise fut couronnée d'un insuccès total.

— On commence à être rudement loin ! dit Gaylord.

Et, bien entendu, il avait raison. La satanée rame filait en bondissant sur le détroit de Saint-George, comme un mouton qui a trouvé un trou dans la haie. Et, étrangement, la ligne de la côte semblait aussi se dérober de plus en plus. M. Grebbie s'était toujours figuré que l'intérêt que les hommes de mer portent aux marées relève de l'affectation. Brusquement, il regretta de ne pas en savoir davantage sur la question.

Rose, de son côté, pensait : « Son ami vient le chercher à cinq heures. Si on ne se porte pas rapidement à notre secours, toute leur combinaison s'effondrera. » Aussi n'était-elle nullement pressée d'entonner les prières pour ceux qui sont en péril en mer.

— Je crois que nous devrions rester assis bien tranquillement et manger nos sandwiches, suggéra-t-elle.

Gaylord qui, en imagination, vivait tous les jours ce genre d'aventure, protesta :

— Nous risquons de dériver pendant des semaines. Je crois que nous ferions mieux de garder nos provisions.

— Écoute, dit Rose. Nous sommes à moins d'un kilomètre au large de la côte galloise, pas au milieu du Pacifique. Et j'ai faim. Je vais manger un sandwich.

Ils mangèrent leurs sandwiches. Gaylord finit les siens, puis aida Rose et Stan à liquider les leurs, tout en leur donnant en même temps un sentiment désagréable d'imprévoyance. Quand ils eurent avalé la dernière miette et bu leur café, il déclara d'un ton neutre :

— Il y a des fois où les gens en arrivent à se manger entre eux.

Il réfléchissait que c'était une chance qu'il fût là. Il ne croyait vraiment pas que Tante Rose et M. Grebbie, livrés à eux-mêmes, auraient eu la moindre idée de ce qu'il fallait faire dans une situation pareille.

Grebbie se lamentait :

— Oh ! Rose. Quel affreux imbécile je suis !

— Ne dites pas de sottises ! Cela peut arriver à n'importe qui.

— Non, pas à Papa ; je te parie tout ce que tu veux ! Il rame formidablement bien, s'écria Gaylord.

— À n'importe qui, répéta Rose avec fermeté.

Mais Gaylord observait la mer avec attention :

— Voilà la rame ! s'exclama-t-il soudain.

Ils regardèrent. Le courant, ou le vent, avait ramené la rame presque à côté d'eux. Tout à coup Rose se sentit frustrée. S'ils récupéraient la rame, ils parviendraient encore à rentrer pour cinq heures. Sans elle, ils avaient une chance de dériver, sans grand danger, pendant des heures. Et elle aimait voguer à la dérive. Sans Gaylord, c'eût été divin ; même avec Gaylord, c'était agréable. Mais, se mêlant de ce qui ne le regardait pas, comme toujours, il était déjà à moitié par-dessus bord, s'efforçant d'atteindre la rame. Rose, instinctivement, l'attrapa par les jambes :

— Tiens-moi bien, Tante Rose ! dit-il. Je crois que je vais y arriver.

Elle observa les doigts tendus de l'enfant, qui touchaient presque la rame. Puis, les vagues bondissantes rapprochèrent encore celle-ci. Les doigts de Gaylord effleurèrent le bois — et, juste à ce moment, l'enfant échappa aux mains de Tante Rose et manqua presque de tomber à l'eau. *Presque*… pas tout à fait. Mais ses doigts, au lieu de se refermer sur la rame, la repoussèrent. Elle s'éloigna de nouveau en sautant sur les vagues.

— Pas de chance, mon vieux ! dit M. Grebbie.

Mais Gaylord était furieux :

— Tante Rose m'a lâché ! Juste quand j'étais sur le point… Vraiment, les femmes !

— J'essayais de te permettre d'aller encore plus loin, affirma Rose.

Piteusement Grebbie tenta de se justifier :

— Je me demande ce que vous devez penser de moi, Rose ! Je suis vraiment nul, dans ce genre de situation. Tout bien pesé, je suis absolument incapable de mener ma barque.

— Personne n'y peut rien, protesta-t-elle gentiment. On nous repérera certainement avant la nuit.

— Je ne vois pas pourquoi, dit Gaylord. Nous sommes à des kilomètres et des kilomètres de la terre !

Un moment passa :

— On ne voit plus du tout la rame maintenant, reprit Gaylord.

Ils attendirent. Ils attachèrent la chemise de Gaylord à la rame et l'agitèrent ; ils crièrent en chœur. Rien.

— Je crois que j'aperçois l'Irlande, déclara Gaylord.

Le temps s'écoula. Quatre heures ! La terre, la mer, les nuages et le ciel prirent leur aspect légèrement défraîchi des fins d'après-midi. Déjà, il y avait un rien de piquant dans la brise marine.

— Je crois qu'on ne viendra plus à notre secours à présent, jubila Gaylord.

Rose n'aurait pu s'en moquer davantage. Elle était blottie dans le creux de l'épaule de Stan et, de temps en temps, adressait un sourire au visage sérieux et inquiet du jeune homme.

— Ne faites pas cette tête-là, Stan ! dit-elle en riant. Nous ne sommes pas encore morts, vous savez !

Gaylord se demanda d'où elle tirait cette idée.

— Qu'est-ce que c'est ? Un vautour ? demanda-t-il, plein d'espoir, en désignant du doigt une mouette.

Ils furent repérés, à cinq heures et quart, par le loueur de bateaux, qui vint les chercher, plein de reproches, en canot automobile. Gaylord était légèrement écœuré. Pas même un hélicoptère. Et ses chances de tirer à la courte paille avec Tante Rose et M. Grebbie, pour savoir qui serait mangé, paraissaient tristement réduites. Il commençait à apprendre que la réalité est rarement à la hauteur de l'imagination.

Il n'en avait pas moins une histoire à raconter. Dès qu'ils eurent mis pied à terre, il dit poliment :

— Excusez-moi, monsieur Grebbie, au revoir.

Et il se transforma en Jaguar Mark 10 fonçant sur la plus grande autoroute du monde.

Ils auraient dû être de retour depuis une demi-heure. Et ils avaient encore un kilomètre et demi à faire.

— Est-ce que votre ami vous aura attendu ? demanda Rose.

Grebbie prit un air terriblement soucieux.

— J'en doute fort. Il n'a pas un brin de patience.

— Oh ! tant mieux ! s'exclama Rose étourdiment.

Il la regarda, surpris :

— De toute façon, les places étaient retenues sur le bateau. S'il n'est pas parti d'ici à cinq heures, il a sûrement manqué le départ.

C'était un soir paisible. Rose éprouvait une étrange satisfaction : le sentiment de ne faire qu'un avec les collines, l'herbe drue sous ses pas et l'homme timide et bon à côté d'elle. Elle enchaîna :

— Vous alliez dire quelque chose quand la rame a glissé, Stan ?

Il resta d'abord silencieux. Puis il soupira avec amertume :

— Vous ne voudriez pas qu'un pauvre balourd comme moi vous... vous répète cela !

Elle posa la tête sur l'épaule du jeune homme.

— Mais si, Stan !

Il se dégagea presque brutalement. Il avait l'air aussi furieux contre elle que contre lui-même.

— Je ne pourrais demander à qui que ce soit de m'épouser ! Je ne suis même pas fichu de m'occuper proprement de moi, à plus forte raison d'une femme.

Il avançait à grandes enjambées, les sourcils froncés, la tête baissée, les mains dans les poches.

Elle pressait le pas, pitoyable, à son côté.

— Mais supposez que je sois prête à prendre le risque ; alors, sûrement…

Elle se mit à rire nerveusement.

Il secoua la tête sans rien dire et jeta un coup d'œil à sa montre :

— Je déçois même mes amis.

Elle se rendit compte qu'elle ne pourrait rien pour lui tant qu'il serait de cette humeur amère qui le poussait à se dénigrer. Il ne lui restait qu'à patienter, à espérer que l'ami serait parti sans lui et à essayer de faire sa conquête au cours de la quinzaine.

Finalement ils arrivèrent ; ce fut pour trouver une Mme Williams débordante de mauvaises nouvelles.

— Oh ! Très contrarié qu'il était, votre ami ! Il est parti furieux, je vous le garantis !

Stan tripota sa lèvre inférieure, puis, haussant ses épaules lasses, il dit :

— Ce n'est pas moi qui lui donnerais tort !

Mme Williams rentra chez elle, ravie de l'accueil réservé à ses nouvelles.

— Je suis navré, Rose, je crains de n'avoir pas été un compagnon très agréable.

— Stan, je vais vous révéler quelque chose : c'est ma faute si Gaylord n'a pas pu attraper la rame ; je lui ai lâché les jambes.

Cette révélation n'intéressa guère Stan.

— C'est gentil à vous de me dire cela. Mais si moi-même, en premier lieu, je ne l'avais pas perdue…

Elle l'interrompit vivement :

— Mais je l'ai fait exprès : parce que je veux vous garder. C'est ce que j'essaie de vous faire comprendre.

Elle fut effrayée par le regard qu'il lui lança.

— Eh bien ! On peut dire que c'était vraiment très aimable de votre part !

— Mais enfin, vous l'avez dit vous-même… vous regrettiez de partir pour l'Irlande !

— Possible. Mais, s'il y a une chose dont j'ai horreur, c'est de manquer à mes engagements.

Il s'immobilisa, fixant la ligne de collines au loin ; la brise du soir soulevait doucement sa chevelure grisonnante. Elle aussi laissa son regard errer parmi les collines.

— Comptez-vous rester ? demanda-t-elle.

— Sans doute, je n'ai pas grand-chose d'autre à faire, n'est-ce pas ?

— Alors, je vous reverrai probablement. Bonne nuit, Stan.

— Bonne nuit, répondit-il.

Et il disparut dans la maison.

Rose rentra chez elle le cœur lourd. Quelle situation ! Quand un homme ne vous aime pas, on peut au moins l'influencer en votre faveur. Mais quand il vous aime et qu'il a en même temps une si mauvaise opinion de lui-même qu'il ne veut pas vous demander en mariage, que faire ? Renverser les rôles ? C'était à peu de chose près ce qu'elle avait fait, et cela ne l'avait menée à rien. Sa seule consolation était qu'ils passeraient tous les deux la quinzaine dans le même petit village. Elle avait quinze jours devant elle pour amener Stan Grebbie au mariage, à force de cajoleries, d'intimidation, ou de ruse.

— Nous allions tirer à la courte paille, dit Gaylord au terme d'une longue saga.

Le Vieux Marin du poète ne lui arrivait certes pas à la cheville.

— Pourquoi, mon Dieu ! demanda Maman.

— Pour savoir qui on mangerait, bien sûr !

— Qui serait mangé, corrigea Papa.

Maman le regarda :

— Tu crois un mot de toute cette histoire ?

Gaylord se révolta :

— Vous pouvez demander à Tante Rose. (Il était vexé. Quelque chose de vraiment passionnant était arrivé et on refusait tout bonnement de le croire.) D'où nous étions, j'apercevais l'Irlande, insista-t-il.

— Je suis surprise que tu n'aies pas vu les gratte-ciel de Manhattan, ironisa Maman.

— Mais si, je les ai vus, répliqua Gaylord sans trop savoir. (Mais il se montrait toujours à la hauteur dans n'importe quelle situation.) Très loin, précisa-t-il.

— Eh bien, il ne nous reste plus qu'à attendre la version de Tante Rose, conclut Maman.

— Je crois que la voici, dit Papa.

Mais ce n'était pas elle. C'était un télégraphiste, et le télégramme annonçait : « Marigold décédée ce matin. Père. »

Jocelyn était seul dans le living-room.

— Où est May ? demanda Rose.

— En haut ; elle fait les valises. Tante Marigold est morte.

Rose s'assit pesamment.

— Quand partons-nous ?

— Demain matin, dit Jocelyn. Je voulais partir seul, d'abord, mais May tient à venir. Et Gaylord a l'air de penser qu'un enterrement dans la famille est quelque chose à ne manquer sous aucun prétexte.

— Faut-il vraiment y aller, Jocelyn ? reprit-elle d'une voix tendue.

Il la regarda avec surprise.

— Il me semble que c'est un devoir. Père avait beaucoup d'affection pour elle, tu sais. Il aura beaucoup de peine, et il va se sentir diminué.

— Oui, dit-elle, tortillant son mouchoir jusqu'à en faire une petite boule dure. Oui, elle manquera beaucoup à Père.

— Je suis désolé, Rose, insista-t-il sans comprendre sa détresse. Mais je crois que nous sommes forcés d'y aller.

— Oui, bien sûr.

— Après tout, M. Grebbie aussi est parti, je suppose ?

— Non. Finalement, il reste. C'est pour cela que... c'est plutôt un coup. (Elle eut une grimace de souffrance.) Je sais que je ne devrais pas penser à ça, que je ne devrais avoir en tête que Tante Marigold et ce pauvre Père. J'ai toujours été une sale égoïste.

Jocelyn la prit par les épaules. Pauvre vieille Rose, pensait-il, quand les choses iront bien pour elle, ce sera vraiment un événement.

— Tu n'as qu'à rester, dit-il. J'expliquerai tout à Père. Tu garderas le cottage. Ainsi tout le monde aura l'occasion de remarquer que tu te conduis d'une manière inconvenante et que tu es une fille ingrate.

— Merci, Jocelyn, mais c'est impossible.

— Jamais de la vie, et tu vas le faire.

Elle secoua la tête.

— Je ne crois pas que j'en aie envie, Jocelyn. Je... je ne suis plus d'humeur à cela.

Il la regarda, surpris.

— Ça ne s'arrange pas ?

— J'en ai peur. Peut-être sommes-nous trop vieux tous les deux pour prendre ce risque. Je... je ne sais pas.

— Je persiste à penser que tu devrais rester là, dit-il avec douceur.

— Non. Je partirai, Jocelyn. S'il veut me trouver, il sait où j'habite. Mais je ne crois pas qu'il le veuille, non, je ne crois pas.

Après le dîner, elle voulut aller avertir Stan de leur départ. Mais Mme Williams lui expliqua qu'il s'était couché de bonne heure ; de toute évidence, elle n'avait nullement l'intention de se compromettre en intervenant de quelque manière que ce fût. Rose laissa donc un mot. Mais, le lendemain matin, M. Grebbie n'était pas là pour dire au revoir.

CHAPITRE XXI

Ils firent escale à Chester. Gaylord, à qui il restait dix francs sur l'argent de poche de ses vacances, dévora des yeux les devantures des magasins. Il avait une envie irrésistible de dépenser ces dix francs. Mais ce n'étaient pas des magasins très intéressants ; rien que des boutiques de confection pour dames ou d'antiquités. Il en était là quand, chez un brocanteur, il vit l'objet. Il ne put d'abord en croire ses yeux. Maman, Papa et Tante Rose, qui regagnaient la voiture, furent naturellement irrités d'être retardés par un Gaylord en arrêt, les yeux exorbités devant la devanture d'un bric-à-brac.

— Tu viens, Gaylord ? cria Maman.

Mais, pour une fois, Gaylord avait perdu l'usage de la parole. Il restait immobile, plongé dans sa contemplation.

— Il ne rate jamais une occasion de nous embêter, dit Papa. Il ne peut rien y avoir dans ce genre de boutique qui l'intéresse à ce point !

Mais, finalement, la montagne dut aller à Mahomet.

— Gaylord, s'emporta Papa, nous avons encore cent cinquante kilomètres à faire !

— Regarde, ne put que répondre Gaylord en écrasant son doigt contre la vitre.

— Seigneur Dieu ! s'exclama Papa. Un presse-papiers en verre !

— Je ne savais pas qu'on pouvait en acheter dans les boutiques, dit Gaylord.

C'était comme s'il avait vu un arc-en-ciel à vendre. Le cerveau de Maman, cependant, travaillait comme une serrure à combinaison secrète. Les chiffres tombaient en place.

— C'est de ça que tu avais envie pour Noël ? demanda-t-elle.

Gaylord entrait déjà en trombe dans le magasin.

— C'est combien ce... ce presse-papiers ? demanda-t-il, l'émotion lui coupant le souffle.

— Dix francs, dit le vendeur.

Et il ajouta, mettant le dernier fleuron à la journée de Gaylord :

— ... Monsieur.

Car tel était ce magasin.

Gaylord fouilla les poches de son short et étala sur l'élégant comptoir, pêle-mêle, des coquillages, des pièces de monnaie, des morceaux de ficelle, des enveloppes de bonbons. Le vendeur l'aida à trier les dix francs. Gaylord balaya le reste dans sa poche. L'homme mit le presse-papiers dans une boîte, l'enveloppa et tint la porte ouverte. Gaylord fit une sortie digne d'un prince du sang.

— Il m'a appelé *Monsieur*, déclara-t-il à ses parents stupéfaits.

Dans l'auto, il ouvrit la boîte et s'abandonna à l'extase de sa contemplation. Au lieu de l'hôtel de ville de Leeds, le bloc de verre contenait l'image d'une rivière avec des cygnes et des saules ; mis à part ce détail, c'était le même objet ; lisse, rond, lumineux. Gaylord l'admira sous tous les angles et décida qu'il était uniformément beau. C'est alors qu'une petite voix sournoise, insinuante et astucieuse, susurra quelque part dans sa tête : « Ça ferait grand plaisir à Willie. »

Gaylord fit semblant de ne pas avoir entendu. Mais, tout à coup, il se sentit vaguement déprimé. Puis Maman dit :

— Montre-moi ça, Gaylord.

Il tendit la merveille à Maman. Elle la tint délicatement entre ses longs doigts.

— C'est vrai que c'est joli, concéda-t-elle.

— Oui, dit Gaylord.

Et, de nouveau, cette sale petite voix insidieuse :

« Ça ferait grand plaisir à Willie. »

— Eh bien, il ne l'aura pas ! dit Gaylord, avançant la lèvre inférieure.

« Mais Willie n'a pas d'autres jouets, persista la voix. Toi, tu en as des tas. Et le pauvre Willie, il lui manque une case. »

— Il ne l'aura pas ! répéta Gaylord, plus agressivement, mais avec moins de conviction.

La voix se tut. Ils étaient presque arrivés à la maison quand, brusquement, elle reprit :

« Pense comme Willie te trouverait gentil et généreux, si tu lui donnais ça. »

Évidemment, un adulte a eu des années pour apprendre à répondre aux appels idéalistes de sa conscience. Il est capable d'aligner une centaine d'arguments contre la conduite qu'on lui propose de suivre. Gaylord manquait d'expérience dans ce domaine. Il enfonça les mains dans ses poches, se renversa misérablement sur la banquette arrière et promit de réfléchir.

Mais l'idée de Willie avait redonné de la force à des pensées que même l'air vif de la mer n'avait pas réussi à chasser de son esprit. Les frères de Willie seraient toujours là, à l'attendre, dès son retour à la maison. Il eut peur. Il regretta de ne pas être resté au bord de la mer, après tout. Il s'y sentait en sécurité. Un jour, malgré toutes ses précautions, oui, un jour, au coin d'un chemin, ils seraient là, silencieux, immobiles, les mains dans les poches, à le dévisager. Et alors entreraient en lui la souffrance et la peur.

Laissant derrière eux la chaleur du soleil, ils pénétrèrent dans le hall obscur. Grand-Papa les accueillit.

— Bonjour, May. Bonjour, Jocelyn. Désolé de vous rappeler ici.

Il y avait dans sa voix une chaleur amicale et triste.

— Voyons, Papa, dit Jocelyn en posant la main sur l'épaule de son père. C'est nous qui sommes navrés.

Il regarda le vieil homme. C'était vrai que, d'une manière indéfinissable, il donnait l'impression d'avoir diminué. Quelque chose en lui — une essence profonde — s'était évaporé.

Gaylord, sur le palier, découvrit une certaine porte close qui exerçait sur lui une fascination irrésistible. Doucement, très doucement, et obliquement, il s'en approcha et toucha la poignée.

Il fut assez surpris quand la poignée tourna et que le battant s'ouvrit, exactement comme n'importe quel autre, un jour comme les autres. Lentement, sur la point des pieds et retenant son souffle, il s'avança vers le lit.

Grand-Tante Marigold y reposait, terrible et majestueuse. Gaylord l'examina avec un intérêt considérable. Il y avait en elle à la fois quelque chose de plus et de moins qu'il n'avait jamais vu. Quelque chose de fragile, de cireux, de sévère, d'impérieux. Il éprouvait une terreur extatique à la pensée qu'elle allait peut-être brusquement s'asseoir dans le lit et se mettre à bavarder. Néanmoins, il allongea un doigt et, doucement, tâta la vieille joue froide. Ce fut son salut et son adieu. Il se mit à reculer vers la porte, les yeux toujours fixés sur Grand-Tante Marigold. Pour tous les trésors de la caverne d'Ali Baba, il n'eût pas tourné le dos à cet objet inattendu.

Derrière lui, une voix chuchota :

— Gaylord, tu n'aurais pas dû venir ici... seul.

Les mains de Maman s'étendirent, protectrices, sur les épaules de l'enfant. La mère et le fils restèrent immobiles, tandis que May contemplait avec tristesse et pitié cette femme que la vie avait si bien préparée à la solitude de la mort. Puis, ses yeux se portèrent sur Gaylord. Il la regarda, et dans ses yeux elle vit une expression qu'elle n'aurait pu définir : conscience du mystère ? étonnement ? peur ? Ensemble, silencieusement, main dans la main, ils sortirent de la pièce.

CHAPITRE XXII

« Tu aurais vraiment beaucoup de plaisir à le donner à Willie, dit la voix. Il t'en serait si reconnaissant que tu aurais un peu l'impression d'être le Bon Dieu. »

Tout cela était bel et bon. Mais la présence des fils Foggerty pesait comme une menace sur ce coin charmant. Gaylord n'avait pas envie de sortir seul. Il commençait à haïr les sentiers paisibles, à redouter le calme attentif des champs.

D'un autre côté, la maison était pleine de monde et personne ne faisait grande attention à lui. Facile de se faufiler dehors sans être remarqué. Et sa conscience avait fait en sorte que, désormais, le seul plaisir qu'il pourrait tirer de son presse-papiers fût de le donner à son ami.

C'est ainsi qu'il sortit et trouva Willie dans la vieille carrière, comme à l'ordinaire.

— T'as été à la mer ? demanda Willie.

— Oui, dit Gaylord, et je t'ai rapporté un cadeau.

Il donna la boîte à Willie et attendit, observant avidement le visage pâle et lunaire.

L'émotion de recevoir un cadeau semblait presque trop violente pour Willie. Il devint tout rouge ; il avait du mal à respirer et ses doigts tremblaient en s'évertuant à défaire les nœuds et à déchirer le papier. Finalement, il réussit à ouvrir le paquet. Mais son visage n'exprima qu'une terrible déception :

— À quoi ça sert ? demanda-t-il.

Gaylord fut accablé :

— C'est un presse-papiers, comme celui que tu as perdu, dit-il.

Les yeux de Willie se fermèrent à demi.

— Comme celui que tu m'as chipé, tu veux dire.

— Je ne l'ai pas pris, Willie. Mais je t'en ai tout de même apporté un autre, pour te consoler.

Willie regarda l'objet presque avec dégoût.

— Çui-ci ne vaut rien. La rivière, on la voit tous les jours. Sur l'autre, y avait une ville, des rues et des choses.

Voilà ce qui arrive quand on écoute sa conscience. Gaylord n'avait pas du tout l'impression d'être le Bon Dieu. Et ça n'avait pas l'air d'avoir fait grand bien à Willie non plus. Gaylord se résigna :

— Bon. Rends-le-moi s'il ne te plaît pas.

Willie prit un air rusé. Sa main se referma sur le bibelot. Gaylord allait le lui arracher quand il vit un spectacle qui lui coupa bras et jambes : sans un mot, les frères de Willie pénétraient en file indienne dans la carrière. Ils paraissaient décidés à tout.

La famille arrivait. La maison était pleine. Dans la mort, Grand-Tante Marigold prenait une importance qu'elle n'avait jamais atteinte dans sa vie modeste. Bea et Ben étaient là, étrangement silencieux. Becky, plus jolie que jamais. Peter. Des parents qui, depuis des années, s'attendaient à faire le même voyage que Marigold.

On frappa à la porte. Rose répondit. C'était Stan.

Il ne sourit pas, mais la regarda avec inquiétude.

— Entrez, dit-elle, je vous croyais encore au pays de Galles.

— Ça n'avait plus grand sens de rester. Je rentre chez moi.

— Comme c'est gentil d'être venu nous voir, dit-elle, non point mécaniquement, en manière de politesse, mais comme si elle trouvait vraiment que c'était merveilleux de sa part.

Il restait sur le seuil, un casque blanc de motocycliste perché sur le crâne. Il tenait une paire de gants de cuir dont il frappait nerveusement sa main libre.

— Je voulais vous dire combien j'ai été navré d'apprendre…

— Entrez, dit-elle, terrifiée à l'idée qu'il était capable de sauter tout à coup sur son scooter et de s'enfuir à pleins gaz jusqu'à Durham.

Il secoua la tête :

— Il y a déjà tant de monde, dit-il. C'est inévitable.

C'était vrai. Il y avait peu de chance qu'ils pussent bavarder tranquillement en un tel jour, à supposer qu'il en eût envie. C'est alors qu'elle eut une idée.

— Écoutez, dit-elle, j'allais justement au village. Si vous m'accompagniez ?

Il hésita.

— Je ne devrais pas rester trop tard. Je ne connais pas la route, à partir d'ici.

— Venez, dit-elle en lui adressant un petit sourire qui masquait la terrible angoisse au fond de son cœur.

Le silence, dans la vieille carrière, était étouffant. Lentement, les frères de Willie faisaient mouvement autour de Gaylord. Comme paralysé sous le soleil brûlant, il les regardait s'approcher, surveillant leur avance menaçante. Leurs yeux ne quittaient pas son visage.

Il se tenait là, petit, fier, sans défense, bien carré sur ses jambes écartées, les épaules désespérément redressées, le menton en avant. Ils l'entouraient tous maintenant, de très près. Une odeur sèche de vieux vêtements poussiéreux et de sueur et de crasse aigres semblait emplir la carrière. Pas d'évasion possible. Qu'il fît un demi-pas dans une direction ou une autre, et il se heurtait à l'un d'eux. La figure de Bert touchait presque la sienne. Bert retroussa une lèvre, signe annonciateur de la parole, chez lui.

— Ton père est un salaud, dit-il.

Gaylord resta de marbre. La sueur lui coulait dans les yeux, mais il n'osait pas cligner les paupières de peur que les autres ne croient qu'il pleurait.

— Tu vas répéter après moi : « Mon père est un immonde salaud. » Répète.

Gaylord garda le silence.

Lentement, Bert leva le pied. Puis, avec une méchanceté haineuse, il décrocha un coup bien ajusté dans le tibia de Gaylord.

— Tu vas le dire ? « Mon père est un immonde salaud » … répète !

Tout s'assombrit. La carrière commença à tournoyer peu à peu. La douleur refluait dans tout le corps de Gaylord. Mais il garda le silence.

Bert perdit tout contrôle de lui-même.

— Répète ! hurla-t-il. Répète : « Mon père est… »

Il frappa Gaylord entre les deux yeux.

Gaylord s'affala et Bert, sauvagement, le bourra de furieux coups de pied, à tel point que ses frères eux-mêmes prirent peur et l'entraînèrent. Ils s'enfuirent. Gaylord resta étendu, couvert de sang gluant sous le soleil brûlant tandis que de grosses mouches avides se posaient sur lui.

CHAPITRE XXIII

Stan déposa ses accessoires de motocycliste dans le hall, puis ils se mirent en route, Rose et lui, sous le soleil de l'après-midi. Stan était silencieux. Rose lui prit le bras.

— J'espère que vous avez fini de vous tourmenter pour cette histoire idiote de bateau manqué ? demanda-t-elle d'un ton un peu taquin.

— Ce n'est pas une histoire idiote. C'est typique de toute ma façon de vivre.

Elle s'arrêta net :

— Oh ! ne soyez pas bête ! s'exclama-t-elle avec colère. Il nous arrive à tous de faire parfois des choses stupides. Mais cela ne vaut pas la peine de passer ensuite des semaines à les ressasser.

— Excusez-moi, dit-il avec raideur.

Et elle pensa, accablée : « Seigneur, cette fois j'ai vraiment tout gâché ! » Mais au même moment il demanda :

— Qu'est-ce que c'est que ça ?

Elle suivit son regard :

— Ça ? C'est une ancienne carrière.

— Non, dit-il. *Ça !*

Il montrait du doigt quelque chose, dans les broussailles, à l'entrée de la carrière.

Elle regarda et vit une jambe d'enfant qui sortait des orties, de manière terrifiante. Stan, cependant, écartait déjà les broussailles.

— Rose, n'approchez pas ! cria-t-il. C'est votre neveu !

Mais elle s'était précipitée à côté de lui et elle contemplait, horrifiée, un Gaylord immobile et disloqué, couvert de sang.

— Il n'est pas... mort, dites ? demanda-t-elle, refusant d'en croire ses yeux.

Mais déjà Stan s'agitait fébrilement, déchirait sa chemise, en garrottait étroitement le bras de Gaylord. Tout en s'affairant, il disait d'une voix brève et énergique :

— Non, il n'est pas mort. Mais il a été sauvagement battu ; il est très mal en point. Retournez vite appeler une ambulance... aussi vite que possible. Ensuite vous reviendrez.

— Oui, répondit-elle, oui, Stan.

Elle s'éloigna en toute hâte. La vue du sang l'avait écœurée et elle se sentait faible, mais elle se força à courir en descendant le sentier, puis en remontant l'allée jusqu'à la maison. Elle ne rencontra personne à l'exception de Jocelyn. Une expression grotesque de surprise se peignit sur le visage de ce dernier.

— C'est Gaylord ! gémit-elle, haletante. Blessé... l'ancienne carrière...

Le visage de Jocelyn perdit toute couleur.

— Mais..., dit-il. Mais...

Elle avait déjà décroché le téléphone. Un instant, Jocelyn la regarda, éperdu ; puis il sortit de la maison en courant et ne s'arrêta qu'à la carrière.

Stan était là, montant la garde près de Gaylord sans connaissance. Il avait trouvé un ruisseau et lavé une partie du sang avec ce qui restait de sa chemise. Jocelyn regarda son fils. C'était la première fois qu'il voyait les effets de la violence sur un être humain. Le spectacle du petit visage meurtri l'emplit d'une pitié et d'une colère telles qu'il n'en avait jamais éprouvé.

— Vous croyez qu'il s'en tirera ? entendit-il sa voix demander.

— Autant que je peux me prononcer, oui, répondit Stan. Mais je ne suis pas médecin.

Jocelyn s'accroupit et prit la main de son fils.

— Merci, en tout cas, dit-il. Merci pour ce que vous avez fait.

Stan dit, presque pour lui-même :

— Le monde est ignoble. Comment peut-on faire cela à un enfant ?

— Vous avez raison. (Jocelyn fut surpris par l'amertume de sa propre voix. Elle rendait un son inhabituel.) Oui, le monde est ignoble.

Le parfum du chèvrefeuille était lourd dans l'air chaud et les feuilles se détachaient, vertes et tranquilles, sur le ciel d'été.

Des pas rapides descendirent le sentier. Jocelyn leva les yeux. C'était May, avec Rose. May regarda Jocelyn, comme s'il avait été un étranger. Puis elle se mit à genoux à côté de son fils, et lui souleva la tête.

— Quelqu'un me le paiera de sa vie, dit-elle doucement.

Vint le soir. Gaylord était à l'hôpital, entre la vie et la mort. La maison était pleine de policiers en plus de la famille. Jocelyn avait l'impression de se mouvoir comme un somnambule. Comment avait-on pu faire une chose pareille à Gaylord ? C'était… inconcevable. Puis il eut conscience d'une voix qui lui parlait. Il se força à écouter. C'était May. Sa femme. La mère de Gaylord.

— Que disais-tu ? demanda-t-il, la regardant d'un air hébété.

Elle posa la main sur sa manche :

— Je disais que… c'est commencé, mon chéri.

Il fit un grand effort pour comprendre. Puis brusquement :

— Seigneur Dieu ! Tu veux dire… ?

Elle hocha la tête.

Il la conduisit en voiture à la clinique et rentra seul à la maison. Plus de May. Plus de Gaylord. À présent peut-être, dans sa solitude, pourrait-il réfléchir — ce qu'il n'avait pas réussi à faire depuis que la chose était arrivée. Oui, peut-être pourrait-il voir se profiler tout cela, sur le fond de sa vie et de ses croyances, rassembler tous les fils : une vieille femme morte, une jeune femme qui allait donner le jour, un Dieu dans le ciel, les splendeurs de l'été, un enfant touché à mort ou presque, le soleil, les étoiles, le rire, l'affection de cœurs aimants, des crocs, un bec et des serres, un pitoyable tas de plumes éparpillées dans la beauté d'un matin de mai…

Où était la réponse ? Il l'ignorait. Peut-être quelque part, juste au-delà des frontières de la conscience, tout cela était-il clair comme le jour ? Plus tard il trouverait une issue, il franchirait la dernière barrière de l'esprit. Mais pas maintenant. Non, pas maintenant.

Stan dit à Rose :

— Je crois que, si cela ne vous fait rien, je vais passer la nuit au village. J'ai l'impression que, tant qu'on ne saura pas à quoi s'en tenir sur Gaylord, je ne pourrai pas... retourner chez moi.

— Je vous en prie, dit-elle. Malheureusement, nous n'avons absolument pas de place ; mais venez prendre le petit déjeuner avec nous.

Il parut ravi :

— Ma foi, si vous êtes sûre que...

Il vint donc prendre le petit déjeuner. Et, au milieu du repas, Jocelyn entra, avec l'air de quelqu'un qui ne s'est pas couché de la nuit, et dit :

— May a une fille, et Gaylord a repris connaissance et réclame à manger. Je les ai vus... tous les trois. Mes deux jolis poussins et leur mère poule.

Il eut un rire plutôt incertain, s'assit et se mit à pleurer doucement.

Plus tard il prit à part Stan et Rose et dit :

— Vous savez, Grebbie, vous avez sauvé la vie de Gaylord. Je... je ne sais vraiment quoi vous dire.

Stan donna d'abord l'impression qu'il allait fondre en larmes, tant il était ému. Puis il parut de plus en plus enchanté, à tel point qu'on put craindre à un moment de le voir éclater de fierté. Mais il dit modestement :

— C'est que, voyez-vous, je m'intéresse au secourisme.

— Vous l'avez sauvé ! Vous l'avez vraiment sauvé, Stan ! s'écria Rose, le contemplant comme s'il était la plus merveilleuse créature qui eût jamais existé.

Jocelyn reprit :

— Je vous offrirais la moitié de mon royaume, si j'en avais un, ou la main de ma fille si elle n'était pas encore un peu jeune.

Alors Stan devint tout rouge, avala sa salive, sourit, prit un air grave et bredouilla :

— Vous pourriez en tout cas m'offrir la main de votre sœur, monsieur Pentecost.

Jocelyn n'avait pas fini d'enregistrer ces paroles que Rose s'écriait, transportée :

— Stan ! et elle se jeta dans les bras de celui-ci.

Puis, blottie contre lui, elle réfléchit aux bizarreries du sort. N'était-il pas étrange que ce fût Gaylord, qu'elle n'avait jamais beaucoup aimé, qui eût donné à Stan Grebbie assez de confiance en soi pour la demander en mariage ?

CHAPITRE XXIV

L'enterrement eut lieu par l'un de ces jours de fin d'été qui sont littéralement parfaits. Ciel sans nuages, arbres immobiles, air sans un souffle. Le paysage était voilé d'une gaze légère. Tous les contours étaient adoucis, toutes les nuées, duvetées. Ce n'était pas un jour à enfermer quelqu'un hors d'atteinte du soleil. Mais il le fallait bien.

Ce beau jour perdit son éclat et devint une belle soirée. Quelque part, derrière la colline, un chien aboya. On entendit au loin s'entrechoquer des bidons de lait. De l'autre côté de la vallée, une bouffée de fumée blanche monta d'un train. Dans le chemin, un enfant chantait. La voix de l'enfant, douce et claire, n'obéissait à aucune règle, dans son innocence heureuse, et Papa en ressentit une grande tristesse, sans savoir pourquoi. Parce que la chanson insouciante de l'enfant était condamnée à finir si vite ? Parce que, avec elle, il entendait la chanson de son innocence perdue ? Parce qu'il y avait dans la maison un vieil homme qui ne chanterait plus jamais ?

Il trouva son père dans son bureau.

— Il fait bon ce soir, dit-il. J'ai pensé que tu aurais peut-être envie de faire un tour, Père.

Le vieil homme le regarda :

— Oui, dit-il en se mettant péniblement debout. Oui, c'est gentil à toi, Jocelyn.

Ils se mirent en route, suivant le sommet des falaises basses qui bordent la vallée de la rivière. Ils étaient silencieux comme la paix du soir. Mais Jocelyn sentait son père s'imprégner de ce calme. Il aspirait l'air tiède à petits coups, comme un animal ; il arpentait la douce terre, d'un pas ferme et plein d'amour, tandis que ses yeux revenaient sans cesse à l'endroit où le soleil descendait vers les grands voiles de brume blanche tendus sur les champs, au bord de l'eau. Finalement il s'arrêta, appuyé sur sa canne, et regarda la grosse boule rouge du soleil s'enfoncer dans la terre. Il regarda les roses, les bleus chauds, et les verts froids qui s'effaçaient du ciel. Il regarda l'étoile du soir fraîche éclose, qui palpitait, brillante, sur le ciel clair et bleu. Jocelyn regardait avec lui. Puis le père se détourna :

— Beau spectacle, Jocelyn.

— Oui, dit le fils.

John Pentecost prit le chemin du retour. Son fils le suivit. Pour une fois, le vieil homme semblait à court de mots.

— Beau spectacle, répéta-t-il. Crois-tu qu'il y ait... quelque chose derrière tout cela ? Est-ce seulement... quelque chose que l'on nous a appris à trouver beau ? Ou bien est-ce l'expression de... quelque chose... d'un amour... d'une tendresse divine ?

Jocelyn continua à marcher.

— Je ne sais pas, dit-il après un temps. Il me semble que le spectacle auquel nous venons d'assister n'est qu'un petit morceau de la traîne d'un immense manteau. Mais je ne sais pas, je ne sais vraiment pas.

— Peut-être est-ce simplement qu'on se moque de nous ? dit le vieil homme.

— Se moquer de nous ?

— Oui, la splendeur de ce coucher de soleil, par exemple, alors qu'en réalité il n'y a que les vers et l'argile détrempée, rien d'autre.

Ils poursuivirent leur marche. En contrebas, la rivière traçait ses méandres dans la vallée, comme un serpent d'argent. Au-dessus d'eux, les étoiles s'allumaient les unes après les autres. Quand ils atteignirent les lumières de la ferme, il faisait tout à fait nuit ; le ciel portait la Voie lactée en travers de la poitrine comme le grand cordon d'une décoration Le vieil homme s'immobilisa pour regarder le ciel. Puis il entra le premier dans la maison et se tourna vers son fils :

— Merci, Jocelyn, tu as été très bon. (Il rangea sa canne dans le vestiaire du hall avec un soin minutieux.) Ta tante me manquera, tu sais. D'abord ta mère. Puis elle. (Il eut un de ses rares sourires.) C'est mon tour, maintenant.

Jocelyn dit doucement :

— Cela te fait-il peur ?

Le vieil homme lui lança un bref regard :

— Non, non. Pas peur. Mais, vois-tu, tout cela me manquera, Jocelyn. La terre sous les pieds, le vent dans la bouche, le soleil sur le front, oui, tout cela me manquera.

Il gravit la première marche et Jocelyn dit :

— Bonne nuit, Père. J'espère que tu vas bien dormir.

Il y avait longtemps, pensa-t-il, que son père et lui n'avaient été si proches Mais le vieil homme avait baissé les armes. L'arbre commençait à vaciller.

Jocelyn alluma sa lampe de bureau. Il sortit une feuille de papier vierge et resta assis longtemps, pensant à beaucoup de choses : à Rose et à son amour ; à Becky et à son amour ; au vieillard contemplant avidement, une fois encore, le coucher du soleil — et cela faisait un de moins sur le peu qui lui restait ; à May telle qu'elle lui était apparue dans le petit matin de ce jour de Noël, avec tout ce qu'il attendait du ciel dans son sourire ; à la chanson confuse du petit garçon dans le chemin ; à l'obscurité qui s'étendait, depuis cette flaque de lumière jusqu'au-delà des errances de la plus lointaine étoile ; à Tante Marigold, pauvre petite femme qui serait seule pour faire le plus sombre des voyages ; à Gaylord, à Gaylord, surtout, qui avait appris si tôt la folle violence de l'époque.

Il était minuit quand il se décida à éteindre la lampe. Il n'avait écrit que quatre lignes. Et elles n'étaient pas destinées à être publiées.

May, remettant de l'ordre dans le bureau de son mari quelques semaines plus tard, trouva le feuillet avec les quatre lignes, au centre, disposées comme les vers d'un poème.

Par-delà la lumière des lampes, il y a les étoiles ;
Par-delà le soleil couchant, les ailes des anges ;
Par-delà le masque de la violence, le visage de l'amour ;
Par-delà les traits de l'être aimé, le visage de Dieu.

Elle se mit à la recherche de Jocelyn. Il était dans l'écurie où il fendait du bois.

— C'est toi qui as écrit ça ? demanda-t-elle.

Il regarda la feuille :

— Oui.

Elle s'assit sur le billot.

— Et tu y crois ? Malgré ce qui est arrivé à Gaylord, et tout ?

— Oui. C'est pourquoi je l'ai écrit, répondit-il.

Il la regarda et lui sourit.

— Et toi, tu y crois ? demanda-t-il.

— Si tu y crois, oui. J'ai une telle foi en toi, Jocelyn.

— Merci, dit-il. (Il passa le doigt sur le tranchant de la hache.) Je me trompe peut-être, naturellement. Mais... j'ai bien réfléchi.

— J'ai réfléchi aussi, dit-elle, en voyant Tante Marigold et en voyant Gaylord. Mais j'avais besoin que tu décides pour moi.

CHAPITRE XXV

Ce fut un automne majestueux. Il eut tout pour lui. Des matins où la brume blanche transformait la vallée entière en une grande écuelle de lait ; des midis dorés comme du miel, immobiles et chauds ; des après-midi si tranquilles que seul les troublait le bruit des écorces de marron éclatant dans l'herbe ; des soirées où la lune dorée comme un potiron souriait au spectacle des amoureux couchés dans la rosée, des mulots attentifs aux yeux brillants et de la chouette aux ailes sûres ; des journées que les bêtes du troupeau passaient béatement à balancer la queue, enfoncées jusqu'au jarret dans les bas-fonds de la rivière. Et l'odeur humide et stagnante de l'eau se mêlait au parfum âcre des orties, pour exhaler des senteurs que Gaylord n'oublierait jamais de sa vie.

Car Gaylord était de retour. Un peu plus pâle, un peu plus lent, un brin nonchalant. Mais sa faiblesse physique était compensée par la vigueur de son égocentrisme. Papa s'était montré terriblement peu bavard au sujet des faits ; cependant Gaylord avait réussi à réunir quelques bribes d'information et, là où les faits manquaient, son imagination était entrée en jeu. Il y avait d'abord cette pensée très agréable que la police s'était abattue sur la maison et la carrière comme une nuée de mouches. Les Foggerty avaient attiré sur eux les foudres de la loi et, dans l'esprit de Gaylord, ils en auraient tous pour des années et des années et des années de prison. Enfin, pour couronner le tout, il y avait cette autre pensée, délicieusement excitante, que le soulier d'un Foggerty lui avait si bien déchiré le bras que sa vie avait failli s'enfuir par-là. Si bien que dans la version présentée à Gaylord par son imagination, il avait fallu les efforts dévoués et réunis du personnel de tout l'hôpital pour l'arracher à la mort.

Gaylord avait un autre motif de satisfaction. Il avait une petite sœur — enfin, quelqu'un de plus jeune que lui ! Quelqu'un qui représentait un échelon plus bas que le sien, au sein de la famille.

— Est-ce que je peux voir le bébé ? demanda-t-il à peine arrivé à la maison.

Il examina, sans enthousiasme, la nouvelle venue. Le mot de sœur avait évoqué dans son esprit un objet muni de nattes et d'une corde à sauter. Rien de commun avec cette chose ridée et sans âge.

— Il n'a pas beaucoup de cheveux, remarqua-t-il. Tu es sûre que c'est une fille ?

— Tout à fait sûre, dit Maman.

C'était bien d'elle, naturellement. Jamais l'ombre d'un doute. Gaylord décida de réserver son jugement. Lui, en tout cas, ne serait pas étonné si, finalement, la chose se révélait être un garçon, malgré la certitude absolue de Maman.

Papa dit gravement :

— Tu es responsable d'elle comme nous, Gaylord. Tu devras l'aimer et la protéger contre tout mal.

« Tout ça est bel et bien », songea Gaylord. Personne ne s'était avisé de lui demander s'il avait envie d'une sœur. Ah ! mais non. Et maintenant, bien entendu, on comptait sur lui pour partager les responsabilités.

— Je crois que je vais aller faire un tour, dit-il.

— Je peux venir ? demanda Papa.

— Naturellement, acquiesça Gaylord-au-grand-cœur.

Ils sortirent dans la lumière. Papa décida :

— Allons dans le pré d'en haut, nous asseoir au soleil.

Ils partirent. Gaylord se sentait très mûr, très assuré. Agréable changement, que d'avoir quelqu'un de plus jeune que soi à la maison. Peut-être

Maman le traiterait-elle avec un peu plus de respect, maintenant.

Ils passèrent par-dessus la barrière pour entrer dans le pré d'en haut. Gaylord s'allongea, jambes écartées, tandis que son père s'asseyait à la turque sur l'herbe et se livrait à l'agréable rite de bourrer et d'allumer sa pipe. Cela fait, il remit les allumettes dans sa poche, ramassa une pomme et la lança à son fils.

Jocelyn tirait sur sa pipe ; le soleil lui brûlait voluptueusement les joues et les bras. Le murmure des abeilles était aussi doux que leur miel. Des bruits d'heureuse mastication montaient de Gaylord qui somnolait dans le long et chaud après-midi de l'enfance. Jocelyn se sentait l'esprit étrangement léger, presque comme s'il s'était tenu en dehors de lui-même et qu'il examinât de haut la condition d'un certain Jocelyn Pentecost.

Il regarda son fils, étalé au soleil dans l'abandon total de la jeunesse, un bras nu protégeant les yeux, tandis que ses dents solides attaquaient la chair de la pomme.

« Il s'en tirera sans dommage, pensa Jocelyn. Son corps est guéri et son esprit n'a pas souffert, Dieu merci. Peut-être y aura-t-il même puisé un peu plus d'assurance encore, qui sait ? Et s'il s'est tiré de là, c'est qu'il réussira à franchir la plupart des chausse-trapes que la vie lui tendra. Et qu'en fera-t-il, dans ce cas, de la vie ? Ma foi, il la prendra au moins en individualiste. Il enfoncera les pieds solidement dans le sol et il prendra le bon comme le mauvais ; il sera modérément véridique et un peu plus honnête que la moyenne. Oui, pensa Jocelyn avec fierté, ce sera quelqu'un de bien et de solide, avec en lui un rien d'obstination, et sachant ce qu'il veut. Et tout cela, il le tiendra de sa mère ; pas de moi, pauvre idiot que je suis ! »

Il se leva, posa la main sur le genou de Gaylord, tout chaud de soleil.

— À tout à l'heure, dit-il. Il faut que je retourne auprès de ta maman.

— À tout à l'heure, répondit Gaylord.

Il leva vers son père ses yeux noirs, des yeux graves de frère aîné conscient de ses responsabilités. Puis, il fit une grimace souriante ; après quoi il redevint la plus heureuse des créatures : un petit garçon qui croquait une pomme au soleil, sous un ciel anglais.

Composition : Francisco *Compo* - 61290 Longny-au-Perche

Achevé d'imprimer par Maury-Eurolivres S.A. - 45300 Manchecourt

Dépôt légal : mai 1998.

POCKET jeunesse 12, avenue d'Italie • 75627 PARIS Cedex 13

Tél. : 01.44.16.05.00